「超」怖い話丁《ひのと》

松村進吉 編著

深澤夜、原田空 共著

竹書房文庫

※本書に登場する人物名は、様々な事情を考慮して全て仮名にしてあります。また、作中に登場する体験者の記憶と体験当時の世相を鑑み、極力当時の様相を再現するよう心がけています。現代においては若干耳慣れない言葉・表記が登場する場合がありますが、これらは差別・侮蔑を意図する考えに基づくものではありません。

ドローイング　担木目鱈

まえがき

本書は十年前の約束にもとづいて編まれた。

これは怪談本に限らない話だが、一冊の本が世に出るまでには必ずどこかでその種が、誰かによって蒔かれ——それは時に、その本の著者とは限らない——大切に育てられたり過酷な環境に置かれたり、あるいは誰にも見向きもされず土中に忘れ去られたりして、じっと芽吹く日が来るのを待つ。

その後どんな紆余曲折があったにせよ、地表に顔を出せた本はさいわいである。

たとえそれがひと夏で枯れてしまう雑草の運命だとしても、雑草は雑草なりに日の目を見て、一丁前に光合成を行い、葉陰で藪蚊を育てる。

場合によっては小さな花まで咲かせる。

そして更に運が良ければだが、読者諸賢にとっての「夏らしい夏」の風景の片隅に、加わることが許される——。

本書の種が蒔かれたのは、私が怪談を書き始めたばかりの頃。

ご存知の方もあるかも知れないが、私は本シリーズの共著者発掘コンテストに投稿して、そこから拾われた人間である。コンテストには他にも沢山の怪談趣味の人々が参加しており、結果発表の後には、四代目編著者の音頭で懇親会が開かれたりした。

その席で、私は何やら場違いにも思える雰囲気の男たちに出会った。

一人は女性のような細面で白づくめ、肩までの金髪。鋭い目つきで丁寧に、理路整然と喋る。

もう一人は彫り深い顔立ちに長身。快活で世慣れた雰囲気ながら、大きな目の奥に、一種形容しがたい陰がある。

二人はそれぞれ深澤と、原田と名乗った。

どちらも怪談を読むタイプにも、ましてや書くタイプにも見えなかったのだが——何故だろうか。私は彼らを見た瞬間、「なるほど、この三人か」と思った。

何が「この三人」なのかは、自分自身にもハッキリとはわからなかった。しかし後で聞いたところによると、深澤も原田もその時、私とまったく同様の感覚を抱いたらしい。

——我々がそれぞれの話を持ち寄って、いつか一冊の本を書き上げようと約束したのは、それから数か月が経ってからのことだった。

怪談は目に見えぬ縁によって生まれ、伝えられ、書き残されていく。ならば本書が今年、ここにこうやって芽を出せたのもまた、不思議な縁の作用と言えるかも知れない。

この本があなたの手元に届き、今開かれているという事実――それは以下に収録されたいずれかの実話が、あなたとの縁に導かれたからか。

どうぞ、よい夏を。

編著者

目次

ゆいちゃんの夢

「おとうさん、わたしね。おおきくなったらおはなやさんになりたかったの」

小宮山さんの一人娘、ゆいちゃんの幼い頃の口癖だったという。

彼は以前、私原田と同じ部署で働いていた方で、現在は環境政策を主に取り扱うセクションに異動になっている。

ゆいちゃんが産まれて数年後に奥さんを乳癌で亡くし、小宮山さんは男手一つでゆいちゃんを育ててきた。それまでは家事の一切を奥さんに任せきりであったため、仕事と子育てを両立させることは想像を絶する苦労の連続だったと話してくれたことがある。愛娘の屈託のない笑顔だけが、生きる唯一の支えであったという。

「わたしはおおきくなったら、おはなやさんになりたかったです」

職場に無理を言って休みをもらい参加した小学校の授業参観。

ゆいちゃんが「将来の夢」というテーマで発表した作文であるが、一人娘の成長に目を細めていた小宮山さんは、その言葉づかいに違和感を覚えた。

幼子は将来の夢を人に話す時「大人になったら●●になりたい」との言い回しを用いるのが普通だ。「サッカー選手になりたい」や「学校の先生になりたい」、「看護師さんになりたい」等々。最近では「ユーチューバーになりたい」が上位に挙がってくるあたりは、世相を反映していると言えるが、いずれにせよ「●●になりたかった」と過去形で話す我が子に、小宮山さんはどこか不安めいたものを感じた。

授業参観が終わり、娘と手を繋いで帰る道すがら、小宮山さんはゆいちゃんに「ああいうときは『おはなやさんになりたかったです』じゃなくて『おはなやさんになりたいです』って言うんだぞ」と教えた。

父の言葉にゆいちゃんは「だってわたし、おおきくなれないんだもん」と答えた。

その後も日常会話の中で「大人になりたかった」「お仕事をしてみたかった」「お嫁さんになりたかった」「赤ちゃんを産んでみたかった」などの言葉がしばしば聞かれた。

小宮山さんは都度、『『なりたかった』じゃなくて『なりたい』。『みたかった』じゃなくて『みたい』だよ」と指摘したのだが、それは一向に直る様子がない。

――やはり、幼くして母親を亡くしたことが影響しているのだろうか。

見た目には明るく笑っていても、その心の中にはぽっかりと母の形をした、暗い穴が口を開けているのか。

「ゆい、お前は大丈夫なんだよ。お前は大人になるんだ。安心しなさい」

「……だって、わたし。わたし……」

ゆいちゃんは困った顔で、言葉を濁すばかり。

この遣り取りは彼女が成長しても変わることはなかった。

ゆいちゃんが中学三年生の時。

卒業後の進路について、担任教諭、小宮山さん、ゆいちゃんで三者面談を行った。

担任教諭からの幾つかの質問の中に「将来、どんな職業に就きたいと考えていますか」というものがあった。担任教諭からしてみれば、卒業後の進路選択に対する助言の一要素としたかったのだろう。小宮山さんは俯いて答えないゆいちゃんを肘で小突き「ゆい。ゆいはどう思ってるんだ」と返事を促した。「今はまだ……考えていません」絞り出すようなゆいちゃんの答えに、担任教諭は溜息をひとつ吐き「将来の夢がいつか見つかるといいですね」と話した。

その夜のこと。家事を終え、キッチンテーブルで晩酌をする小宮山さんに、ゆいちゃんが声を掛けた。

「お父さん、仕事忙しいのに、今日はありがとう」

顔を見れば泣いた跡がある。精一杯、それを隠そうとする作り笑い。

「お父さん、ごめんね」

ゆいね。大人にはなれないの。わかって。わかってお父さん。ごめんなさい――。

ゆいちゃんは笑顔のまま、我慢していた涙を一気に溢れさせた。

小宮山さんは愕然とし、思わず彼女を抱き締めた。

ゆい、なんでお前はいつもそんなことを言うんだ。そんなこと言うもんじゃないよ。大丈夫。大丈夫だ。お父さんが守ってやる。お父さんがゆいを立派な大人にしてやるから。

――この深い穴を埋めるには、一体どうすればいいのだろう。

彼は己の無力を感じながら、ただ、腕に力を込めるしかなかった。

高校の入学式を数日後に控えたある夜。

近所のファミレスで中学校の同級生たちと卒業祝いの食事会を終えたゆいちゃんは、自宅への帰路、飲酒運転のトラックに轢かれ、死亡した。横断歩道を渡るゆいちゃんを、赤信号を見落とした若いドライバーの運転する車両が撥ね飛ばしたのである。トラックは法定速度を四十キロ程超過しており、ドライバーは半ば酩酊状態であった。ゆいちゃんはほぼ即死であったと聞いている。この事故のことは新聞にも掲載され、私も記事を見て驚いた記憶がある。


小宮山さんは今でもあの夜、ゆいちゃんが言った言葉が心に引っ掛かっている。

「わかって。わかってお父さん。ごめんなさい」

だって、だってお母さんが――。

ゆいちゃんはそう言った後、はっとした顔をし、口籠った。

なんだ。お母さんは今も、お前を見守ってくれてる筈だよ。お前の成長を楽しみにしてくれてる筈だよ。違うか……？

ゆいちゃんは返事をせず、突然ふっと身体の力を抜いて、泣くのを止めた。
――その顔に浮かんでいたのは、どこか諦めにも似た表情。

小宮山さんは事故後、時間を作っては駅頭に立ち、自費で制作した飲酒運転根絶を訴えるビラを道行く人々に配って回っている。

首からは笑顔のゆいちゃんの写真を下げている。一人娘の冥福を祈り、一人娘を失った自分ができる唯一のこと。これは半ば使命のようなものなのだと小宮山さんが私に話してくれたことがあった。

ゆいちゃんが亡くなってから二年。事故当時こそ小宮山さんを気遣った近所の人々や同僚たちが一緒になってビラ配りを手伝っていたが、時が経つにつれて徐々にその数は減っていった。

現在、小宮山さんは一人で街頭に立っている。

集念

　山形氏は最近、料金の値上げで話題となった大手の宅配便事業を行う会社で配送ドライバーをしている。ご存知の方も多いと思うが、この会社の宅配業務ではドライバーごとに配達エリアが決められている。山形氏が関東のある中核市の一地域を担当していた頃に少し変わった家があった。

　その家は市街地から少々離れた、周囲を畑に囲まれた古い日本家屋の平屋。庭の草木は手入れが行き届いておらず、雑草が野放図に繁殖している。宅配物の受け取りに出て来るのは七十を少し過ぎた位の老人。庭と同様に老人の身なりは長年手を入れていないようで、薄くなった髪は伸び放題で、枯草を思わせる白い髭は胸まで垂れており、どこか厭世的な雰囲気を漂わせている。

　その家へは必ず毎日、宅配物があった。発送元は全て個人で、日本中の様々な都道府県から。多い時で日に十件程。ネットショッピングに依存している主婦などでもそれ程多いことはないし、何某《なにがし》かの商売をしている事務所でもなければ、ドライバーが毎日のように足を運ぶことなどまずない。現在のようにフリーマーケットサイトが流行る時代であれば、早々珍しいことではないのかも知れないが、当時はまだスマートフォンが世に出回り始めたばかりの頃である。

山形氏は自分が一体、何を毎日この老人に届けているのか、宅配物の中身が気になって仕方がなかったという。以下、ある日の山形氏と老人の遣り取りである。

「こんにちは。今日もお届け物がありますよ」

「あぁ、毎日ご苦労様」

その日の宅配物はほぼ同じサイズの箱が七個。幅三〇〇ミリ×奥行二〇〇ミリ×高さ五〇ミリ程。重さはどれも異なり、中身が空なのではないかと思うものから、片手では到底持つことが難しい重さの物まである。

「毎日何を届けているのか、不思議に思わないかい」

老人が山形氏に話し掛ける。皺が深く刻み込まれた顔に穏やかな笑みを浮かべているが、眼はどこか生気を失っている。老人は山形氏の返事を待たずしゃがみ込むと、足元に宅配物を並べ、一つずつ開け始める。

箱の中には絵馬が一枚ずつ入っていた。

内容までは目が届かなかったが、どの絵馬にもびっしりと文字が書き込まれている。

「どれも重さ、違ったでしょ」

老人が言葉を続ける。口元が緩んでいる。粘り気を帯びた声が、聴いていて気分を悪くさせる。

「書かれている願い――というか、内容が切実な程、絵馬自体が重くなるみたいだよ」

山形氏は返す言葉が見つからず、逡巡する。

なんで私の家に届くのか、さっぱりわからないんだ。でも、毎日毎日、日本中から送られてくるんだよ――。

去り際、荷物の受け取り拒否ができる旨を伝えたが、老人は「もういいんだ、諦めているから」と繰り返すばかりだった。

その後も変わらず山形氏は老人の家に毎日宅配物を届け続け、老人は無言で荷物を受け取っていたが、ある日を境にぴたりと宅配物がなくなった。
その後間もなくして、老人の家は不審火で焼失したそうである。
老人の安否はわからない。

狛石

ある翁から伺った話である。

「あの頃の神社ってのは、何かにつけて人が集まる場所でなぁ」

年始の参拝に始まり、祈年祭、春夏秋冬の祭りなど、一年を通じて月に数度は集落の人々が寄り合う行事が催される。

「大きな神社じゃぁ、今もやってるんだろうけどよ。俺らの頃は小さな村にある神社でも、それが当たり前だったんだよ」

ある年の秋口、翁の集落にある神社の神主の男性が亡くなった。突然のことであったため、氏子総代が近くの村から代わりの神主を連れてきた。

「連れて来られたのが、絵に描いたようなロクデナシの男でさ。毎日毎日酒浸りで、祈祷なんてまともにできねぇし、社の手入れも全然やらなくてなぁ」

ある時の集会で、神主の男が神社の狛犬を新しく建立したいと言い出した。今ある狛犬が古臭い、というのがその理由だった。

「ずっと昔から神社を守ってくれてる由緒ある狛犬だったから、とんでもねぇって皆で反対したんだけどさぁ」

集会の明くる日、村の農夫が参拝に行くと、対の狛犬が二体ともなくなっている。慌てて総代の家に駆け込み、村の者たちと神主の男のもとを訪ねた。

「あぁ、あれか。ありゃあ昨日の晩に俺が砕いちまったよ」と、神主の男は事もなげに言い、かかかと笑うと、湯呑みに入った酒を呑み干した。

「そりゃあ、みんな怒ったよ。俺らに相談もなしにえげつねぇことしやがってって。でも結局、なくなっちまったもんは仕方がねぇって話になってなぁ」

村の者たちが境内に集まって話し合っていると、神主の男が千鳥足でやって来て、皆に布の小袋を手渡した。

「袋の中にな、砕いた狛犬が入ってたんだよ」

御利益がありそうだろ。大事にしろよ。

御利益、御利益——。

そう言って神主の男はまた、かかかと笑った。

こりゃあいよいよ祟りがあるぞ。村の者たちは口々に囁き合った。


それから数日後、田圃の水入れの具合を見に行った翁が神社の近くを通り掛かると、境内の一角に十数頭の野犬が群がっている。恐々近づくと、群れの中央に、人の足。

慌てて近くの壁に立て掛けてあった角材を手に取ると、怒声を上げ、無我夢中で野犬を追い払った。野犬が去った後には土に塗れた神主の男と総代の顔。方々が散々に喰い齧られ、臓物が飛び出し、首と胴体が千切れ掛かっていた。二人とも、頭部の半分程をごっそり失っていた。

「いくら大っきな犬っころだって、頭の骨さ、齧り取んのは無理だよなぁ」

その後、障《さわ》りを畏れて誰も寄り付かなくなった神社は、驚くほど急速に腐れていった。

年号が昭和から平成に変わる頃には社は朽ち、現在は苔生して崩れ掛かった石段と、件の狛犬の台座が残るのみであるという。

場所は会津地方の山村。今はもう離れた故郷であるが、生まれ育った愛着のある土地であるため、詳細は伏せてくれないかなぁと、翁。

手元には、古びた小袋。

予災～二〇一七～

物心が付いた頃から、周囲からはある種の「畏敬」のような感情を込めて扱われていたという。

今年、二十歳になる木下さんから伺った話である。

彼女は生まれつきにして、一般の人にはない特殊な力を具えていた。

周囲の人間の怪我や病気を、前もって予測することができたのだという。

「小さい頃はそれが当たり前だったから、自分が特別だなんて思っていませんでした」

この仕事をしていると、この手の話は時折耳にする。所謂《いわゆる》、予知能力の類である。

客観的な事実の積み重ねに思わず唸らされるものもあれば、幾つかの偶然の重なりからの思い込みと捉えられるものも少なくない。

そもそも私自身が予知能力というものに懐疑的な立場を取っているせいもあるのかも知れないが、圧倒的に後者のほうが多いように思う。

彼女の場合は、予知方法が面白かった。


「お風呂に入るとね、冷たくなるんです」

湯船に浸かっていると身体の一部分が氷を押し付けたようにじんわりと冷たくなり、同時に頭の中に人の顔が思い浮かぶのだという。

部位はその時々で様々。少ない時で年に一度、多い時には数か月に一度の頻度でその現象が起きたそうである。

「初めてそれを感じたのは四歳の時。父とお風呂に入っていて『お父さん、ここが冷たい』って胸を押さえたの。その時に頭に浮んだのは、お正月に会った父のお兄さんでした」

胸を押さえながら、おじちゃん、おじちゃんと繰り返す娘の姿に、父の顔が青褪めた。

浴室を飛び出た父は、着るものもとりあえず、伯父の家に電話を掛けた。電話口に出たのは伯父宅の近隣に住む親族。果たして伯父は、繰り返していた心筋梗塞の再発により、病院に救急搬送された直後であったという。その後、伯父はどうにか一命を取り止めた。

ある親族は彼女に下腹部を指摘され、半信半疑で訪ねた医療機関で早期の大腸癌が発見された。

また、頭部が冷えた際に頭に浮かんだ親戚のある子供は脳神経外科を受診し、急性脳炎を発症する既《すんで》の所で医療処置を施すことができた。

従姉の子宮筋腫を言い当て、切迫流産を未然に防いだこともあったという。

この手の話を挙げれば、枚挙に暇がない。


往々にして幼子が災いを予見する場合、周囲の人間は「そういったことは人に言ってはいけない」と諫めることが多いが、彼女の御両親は敢えて彼女の言葉を周囲に触れて回ることで、避けられる不幸を未然に払おうとしていたようである。実際に、その行動は尽《ことごと》く功を奏していた。

いつしか親族の間で、彼女は神格化されていったという。

「決して悪い気分ではなかったです。むしろ『ゆうちゃん（彼女の名である）のお陰で命拾いした』とか『ゆうちゃんがいたから××の死に目に立ち会えたよ』って、会う度に身内から言われると、小さい頃はなんだか誇らしげな気分でした」

彼女はその現象が起きる都度、可能な限りの詳細を両親に伝え、また、成長するにつれて自身でも直接、対象となった相手に話していたそうである。

当然のことながら、彼女の進言を嘲笑する者もいた。彼女の思いとは裏腹に、敵対的な言葉を浴びせられることも少なくなかったという。親族の間では神のような存在でいられたが、左程親しくはない間柄の人間にしてみれば、自分自身にとって不吉なことを宣う鬱陶しい人物であったには違いない。

しかしいずれにせよ、彼女の口から発せられる言葉は信じる信じないに関わらず、「真」となった。

彼女が女子高生の時分、生徒たちの間で「シラタキ」と仇名される数学教師がいた。三十代にして薄くなった前髪を額に垂らした形が「シラタキ」のようであり、味気のない表情や人物像も正しく「シラタキ」であった。加えて、数式を説明する際に女生徒の身体に執拗に触れることでも生徒たちの間では有名だったそうである。

彼女はこの数学教師を心の底から軽蔑していた。

ある夜、部活動で疲れた身体を湯船に沈めていると、首の周囲が冷たくなった。と、同時にシラタキの顔が頭に浮ぶ。覇気がない、乾いたゴムのような顔。

「言おうかどうか、正直、迷いました」

これまで、自分の予知することを人に伝えないでいたことはなかった。伝えた結果がどうであれ、それがこの力を授かった自分の使命だと考えていたからである。

結果、シラタキが彼女から予知を伝えられることはなかった。その理由を、彼女は詳しく話さなかったが、思春期にある少女がそれだけ忌み嫌うことを慮れば、やはり相応の人物だったとも考えられる。

三日後、シラタキは自宅の庭の柿の木にぶら下がっているところを、起きてきた同居の母によって発見された。自室の机の上に残された遺書には、受け持っているクラスの一人の女生徒への叶わぬ恋心が書き連ねられていたというもっぱらの噂であったが、詳しくはわからない。

この事件を耳にした彼女が受けたショックは大変なものだった。そもそも自分が予知する中で、自死は体験したことがなかった。仮に予知をシラタキに伝えたところで、果たして彼の命を救うことができたのだろうか――。

高校を卒業後、彼女は看護専門学校に進学した。課題と実習で毎日が飛ぶように過ぎる。病棟での二週間の実習を終えた彼女は帰宅するやいなや湯を張り、くたくたになった身体を沈めた。実習中はとにかく忙しなく、ゆっくりと湯船に浸かる時間など持てなかったのだ。

――と、不意に両脚の爪先がじわりと冷たくなった。

「あぁ、まただ」と、彼女は思う。今度は誰の身に何が起きるんだろうかと。

冷えは爪先から徐々に下肢を広がって上半身に伝わり、やがて全身が凍えるような冷たさになった。いくら湯を沸かしても一向に身体は温まらず、むしろ、冷えは強くなっていく。いつものように頭に浮ぶ誰ぞの顔がない。代わりに幼少期から現在までの彼女自身の姿が頭の中を物凄い速さで流れていった。

幼稚園で男児に悪戯をされて泣いている自分、小学校の入学式に桜の樹の下で嬉しそうに笑う自分、中学校の部活動で入賞し、全校集会で皆の前で表彰状を受け取る自分、そして恋愛関係となった高校教師の死に、自室のベッドで顔を伏せて嗚咽する自分――。

これまで経験したことがない現象に、強い不安と恐怖を感じる。産まれて初めて「怖い」と思った。

なんだかわからないけど、怖いことが起きる。

湯船から出て、バスタオルを羽織る。両親がいるリビングに駆け寄ろうとし、足が縺れて転倒した。


筋萎縮性側索硬化症。略称、ＡＬＳ――。

彼女が罹患した病名である。重篤な筋肉の萎縮と筋力低下を来す神経変性疾患で、難病に指定されている。治療法は現在も確立されていない。手足の運動障害を初期症状とし、徐々に症状は全身へと広がっていく。やがて呼吸筋にまで麻痺は及び、死亡する。


仕事柄、頻繁に足を運ぶ医療機関で出会った彼女。

発話障害が進行する前に話しておきたいという彼女の切なる申し出により、ここに拝聴した事柄を記す次第である。

予災 〜一九四五〜

私の地元に住む、齢八十になる老女から伺った話である。

彼女は元々、山陽地方の出身で、彼女の叔母にあたる人物は前述の木下さんと同じように予知能力を具えていた。少々異なるのは怪我や病気に留まらず、天候やその年の農産物の出来不出来、遠く離れた場所で起きる出来事など様々な事象を言い当てる点。具体的なひとつひとつの事柄は彼女の記憶に乏しく、確証を得ることが難しいため、記述は控える。だが、集落の人々から崇められ、宣託を授かるために遠くの地から叔母のもとを訪れる者も少なくなかったというから、相応の能力であったことは想像に難くない。予知を生業《なりわい》としていたと親族からは聴いていたという。

その叔母の様子が、ある年の立春を過ぎた頃を境におかしくなった。

話好きで明朗快活な人柄であった叔母が、日を追うごとに口数が減り、人目を避けて自室に籠ることが多くなった。宣託も何かと理由を付けては断るようになっていたという。

「えらぁことになるじゃぁ、にげなぁ、えらぁことになるじゃぁ」

夜明け前に庭にある井戸を覗き込み、泣きながら繰り返し呟く叔母の姿を見たという者もいた。

叔母の状態が変わらないまま季節は移り、緑が深まりつつある、ある雨の朝。

昼まで部屋から出てこないことを不審に思った親族が、叔母の寝室の障子を開けた。

果たして叔母は、畳の上で絶命していた。

眼球はとろけて穴が開き、長い黒髪は、乾いた白髪に変わっていた。どちらかと言えばふくよかな体型であった叔母が、骨と乾いた薄い皮膚だけの干瓢《かんぴょう》のようになっていた。一昨日に珍しく晩食を共にした叔母が見る影もなかった。部屋の畳にはびっしりと塩が敷き詰められ、その上に榊《さかき》の葉が隙間なく敷かれていたという。

気が狂《ふ》れたんだと陰で言う者もいたが、叔母の能力を知る多くの者たちは、余程悪いものを見てしまったに違いないと囁き合った。

叔母の四十九日を数日後に控えたその日。東から昇った八月の太陽は、ぐんぐんと気温を押し上げていった。空は雲一つない快晴だった。

午前八時十五分。銀色に輝く機体から投下されたリトル・ボーイにより、叔母の故郷は、地獄となった。

善い人形

その日、夜十時を過ぎて、突然激しいゲリラ豪雨が来た。

由里さんは、これより少し前に友達の彼氏から連絡を受けていた。

『ちょっと話があるから聞いてもらえる?』

絵文字をこれでもかとあしらったメッセージで、別段深刻とも思わなかった由里さんだったが——。


玄関に立った男は、確かに何度か会った友達の彼氏であった。

雨に打たれたようで、頭がビショビショになっていた。

とりあえずバスタオルを渡し、居間に上げる。

「陽子は?」と聞いた。陽子が由里さんの友人だ。てっきり一緒に来るものと思っていた。

「それがさぁ、あいつ今日急に旅行に行っちゃって」

男は腰を下ろし、ペットボトルのお茶を飲み干すと一息ついた。

男の背後には、テレビと人形を乗せたコレクションボードがある。

人形は彼女の趣味のビスクドールで、いわゆるサクラビスクと言われる日本製のものだ。

真っ白な顔は和風で、大きな目は大半が黒目だ。

顔は和風のアレンジで赤ん坊のように見えるが、装いは大きなヘッドドレスのフランス風を踏襲している。

彼女が所有するうち、大きなものは二十センチほどの可動品で、それが二体、テレビを挟んだ両側にそれぞれおいてあった。

由里さんはため息を吐いてテレビを消した。二人で結婚の報告にでも来るんだろう——と、そう思っていたからだ。

「で、陽子が？　旅行？　聞いてないけど」

男が言うには、行先は「ヨーロッパ」らしい。ヨーロッパのどこかまではわからない。

「陽子ってわりと、昔から、何かあるとすぐどっか行っちゃうタイプだったんですよ。それも何も相談とかなく。でもヨーロッパって今までにない遠さで、私も驚いて」

このときも、男にはそう話した。

それでも「何か聞いてないか」と陽子の彼氏には質問攻めにされた。

「陽子とは、その一週間くらい前に電話で話したのが最後で。確かに元気はなかったけど、何かあったとかそういう話はしなくって。そう説明したんですけど……」

由里さんが何かを知っていると思ったのか、男は尚もしつこく訊いてきた。


「で、何か聞いてない？　最近いつ話した？」

「だから、先週月曜に電話したって。そうだなぁ、確かにちょっと元気がないっていうか――」

一生懸命思い出そうとした。

男は息を呑むようにして、話の続きを待っている。

沈黙、雨音、雷鳴。

「でも別に、これといって何も言ってなかったけど……」

「そうか。ならいいんだ」

言葉とは裏腹に、男は落ち着きがない。こちらの様子をしつこく疑っているようだ。

「まぁいいや。でさ、俺あいつにアパートの鍵預けたままでさ、それで」

そこで気付いた。

男の背後で、二体あるうち、左側の人形の首がわずかに振れている。

反射的に蛍光灯の紐を見るが、地震ではない。雷鳴の振動だろうか。

「……でね、どう思う？」と聞かれたが、彼女は男の話を全く聞いていなかった。

いいんじゃない？　と適当に返事をすると、なぜか人形の首の動きが大きくなった。

横に首を振っている。

「ありがとうな！　じゃあ、ちょっとシャワー貸りるわ！」

もう一体、右側の人形も首を振り始めた。

二体の人形が、それぞれ首を横に振っている。

「ちょっ、ちょっと何。なんでシャワー」

「泊めてくれるんだろ？」

「馬鹿じゃないの。出てって」

「頼むよ！　こんなこと頼めるの、お前しかいないんだよ！」

男を追い返そうと立ち上がった。
「帰ってよ！　あんたの友達のとこに行けばいいじゃん！」
その瞬間、男の背後、二体のサクラビスクの首の振りが一層大きくなった。
激しく抵抗するように、二体とも首をあらん限りに振っている。
サクラビスクたちが、今何かを伝えようとしている。
男を追い返そうと立ち上がった彼女は、躊躇った。
急に怖くなったのだ。彼女の人形が、ではない。その前に立つ友人の彼氏が、である。
男は――あまりに自分の背後を気にされたからだろうか――振り向いた。
その隙に、彼女は跳ねるように男の脇を抜け、部屋から飛び出した。
外はまだ豪雨であった。雨の中を走ってコンビニに避難した。

翌日、昼過ぎに彼女が様子を見にアパートに戻ると、男はもう立ち去っていた。
安堵して部屋に入ると、二体のサクラビスクが破壊されて床に落ちていた。
ドレスは刃物で引き裂かれ、首は関節からねじ切られて胴体から離れていた。

「二日後、陽子の遺体が見つかりました。近くの林で……首を、絞められて……」

一週間もしないうちに男は殺人容疑で逮捕された。

由里さんはサクラビスクを修理し、今も飾っているという。

女指

埼玉県の大宮という駅の近くに南銀座と呼ばれる繁華街がある。

昔ながらの狭い路地に小規模な店舗やテナントビルが多く並び、夕刻を過ぎるとチェーン居酒屋の呼び込みで溢れ返る、不景気が続く昨今においては珍しく、未だ活気を失わぬ街だ。飲食店と並び、キャバクラやホストクラブなどの風俗店も多く軒を連ねている。その喧噪から少し離れた場所にあるキャバクラ店に勤務する、ユキナさんという女性に伺った話が以下である。

今から二年程前、ユキナさんには交際相手がいた。当時、彼女は成人を迎えたばかり。相手の男性は彼女より四歳年上だった。

「まだ今の仕事を始めたばっかりで。接客のことは全然ワカんないけど、とりあえずお客さんと一緒に盛り上がればいいんじゃね？みたいなノリで仕事をしてたの」

ユキナさんは中学卒業後、夜間定時制の高校に進学したものの、昼間にアルバイトをする訳でもなく、かといって勉学に打ち込むこともせずに「テキトーに」学校に顔を出し、時間があればあまり芳しくはない友人たちと集まっては不毛な話題に花を咲かせる日々を過ごしていたという。

「まぁあの頃は何てゆーか。『いつ死ぬか判んないんだし、生きてる今が楽しくないと損じゃん』みたいな感じで。とにかく時間を無駄に過ごしたくないってゆーか。きっと独りでいるのが嫌だったんだと思う。ほら、うち母子家庭だし、一人っ子だから」

グループの中の友人の誘いでホストクラブに初めて足を運んだのもその頃だった。

「『初回』の女性は一時間飲み放題千円」との謳い文句につられて行った最初の店。数か月後には、どっぷりハマってしまったのだという。

「って言っても、お金はないから初回ばっかりの『初回荒らし』だったんだけど」

その日、友人二人と訪れたホストクラブで偶々ヘルプで隣に座ったのが結《ゆい》というホストだった。ギラギラした印象を与えるホストが多い中で、結は謙虚で物腰が柔らかく、何よりも自分の話に懸命に頷いては「大丈夫ですよ。きっと巧くいきますよ」という台詞を繰り返すところに、ユキナさんは『初回』で心底ハマってしまった。

「今思えばそれも営業トークだったのかも知れないけどね。茶髪盛り髪のホストばっかりの中で、結は黒髪短髪で、何かこの人は他のホストとは違うなって思ったの」

安価な『初回』ばかりを利用していた彼女だが、彼とはもう一度会いたい、もっと会いたいと思うようになり、手っ取り早く稼げる今の職に就いたのだという。

「そこからはもう右から左。稼げば稼いだだけ、全部、結に使ってた」

ユキナさんは当時、母親と実家での二人暮らし。彼は店から二駅離れたマンションで独り暮らしをしていた。気が付けば彼女は彼のマンションに入り浸るようになり、半同棲の生活を送るようになっていた。

「俺、今の店辞めて、今まで貯めた金でショットバーをやろうと思ってるんだ」

お前も店を辞めて、一緒に俺の店を手伝ってくれないか。

お互いに店を終えて落ち合った明け方、ベッドで腕枕をされながら、この人とこれからも一緒に居られるのならと、ユキナさんは思ったそうである。

それから数日後、彼女は仕事を終えると、いつものように彼のマンションに向かった。

疲れ果てていた。その日テーブルに着いた客は何度か顔を合わせたことのある間柄であったが、いつも以上に酒を勧め、断るごとに創らなければならない愛想笑いに自分でも辟易していた。

玄関のドアを開けると、部屋の電気が消えており、彼が体調を崩し、珍しく仕事を休んでいたことを思い出した。

先に寝てしまったのだろうか。

キッチンでコップに注いだ水を一気に飲み干し、溜め息をひとつ吐いてから、なるだけ音を立てないようにして寝室のドアを開ける。

いつもの寝室とは違う臭いがした。

様々な化粧品や香水が混ざり合った、自分が籍を置く店の、独特の臭い。

吐き気を催すような、いつまで経っても馴染むことのできない、あの臭いだった。

暗闇に目が慣れるのに少し時間が掛かった。

セミダブルのベッドに横たわる彼の姿。

それと同時に目に入ったのは、寝室の床や壁、天井を覆い尽す、蠢く無数の白い突起物。

部屋全体がゆっくりと蠕動運動を繰り返すその様は、あたかも自分が巨大な生物に飲み込まれてしまったかのような印象を受けた。

その突起ひとつひとつが、煌びやかなネイルをした、女の指だった。

なに、これ。イヤだ。気持ち悪い――。

我に返ったと同時に、酸っぱいものが食道を迫り上げる。

飛び出すようにして玄関のドアを開けると、我慢できず通路で何度も嘔吐した。


その時に感じた感情は、恐怖ではなく、嫌悪感。

今まで彼に焦がれていた時間の全てを、圧倒的に否定する感情だったと彼女は話した。


この話を取材してから二か月程して、携帯にユキナさんの番号で八件の着信履歴が残っていた。仕事中であったため電話に出ることができなかったが、彼女の着信から数分後にショートメールが届いていた。

「この前話した女の人たちの指が　私の体に生えてきて困ってる」

「なんで？　どうしたらいい？」

業務後に電話を掛け直しても、電源を切ってしまったようで繋がらない。
こちらからのメールに返信はなく、未だ、連絡はつかないままである。

通子

今年、三十路を迎える川村さんから伺った話。

彼女はＩＴ会社を立ち上げたばかりの現在の御主人と、六年前に入籍した。それまで勤めていた大手総合コンサルタント会社の受付嬢を辞め、現在は専業主婦として家庭を切り盛りしている。


彼女には習慣――というよりもむしろ、変わった癖があった。

トイレに入ると、ドアを開けていなければ用を足せないのだという。

幼い頃、姉がふざけてトイレのドアを押さえ付け、閉じ込められたのがトラウマになったのだと川村さんは話す。

「勿論、家以外のトイレでは我慢して閉めますよ」

しかしながら、ドアを閉めて用を足すと、動悸が激しくなり、未だに眩暈がして脂汗が出てしまうのだそうだ。


交際が順調に進んだ頃に、この癖についてはご主人には伝えていた。

「僕と一緒にいる時は、気にしなくていいよ」と、御主人は当初から寛容に受け入れてくれたという。

「それが原因で交際が巧くいかなくなった人もいたから、主人の言葉は本当に有り難かったです。本当に優しい人で」と、川村さん。


ある朝、御主人を会社に見送った後、彼女は尿意を催した。

トイレに行き、便座に腰を下ろす。

結婚しても、直らない癖。

いつものようにドアは開けっ広げにしていた。

二人の幼い子供たちが、トイレの前の廊下を無邪気に戯れながら走って行く。柱の陰から顔を覗かせ、ドアを開けて用を足す川村さんを笑いながら眺めていた。

彼女は御主人と二人暮らし。

御主人は子供が嫌いで、川村さんは結婚後に二度、妊娠した子供をいずれも堕胎している。

屋根より高い

マンションのベランダで、華さんが洗濯物を取り込んでいたときのこと。

備え付けの物干しアームから、ハンガーを次々回収する。

洗い物をばっさばっさと広げて埃を払っていると、隣のベランダから声がするのに気付いた。

子供の、か細い声が、約二十メートル下の道路の騒音に交じって聞こえていたのだ。

(歌っているのかな)

『おおき〜い……い〜は〜おとう〜さ〜ん〜』

鯉のぼりの歌だな、と華さんは思った。

(ああ、もうすぐ子供の日だなぁ)

まだ四月だったが、華さんはあまり気にせず、洗濯物を取り込み終えた。

ベランダから戻るとき、ふと声のしたほうの隣家のベランダを見る。

仕切り壁のすぐ向こうから、小さな鯉のぼりが、プラスチックの竿に掲げてスーッと差し出される。

微笑ましく思い、旦那さんと夕食のときにその話をすると、彼は首を傾げて「どっちの隣」と聞いてきた。

「八〇一？　そっち、年明けくらいからずっと空き部屋だぜ」

じゃあ最近引っ越してきたのかなぁ、と華さんは応じたが、ほとんど家にいる彼女でもそんな気配を感じたことはない。

無言で食事を終える頃には、すっかり怖気付いていていた。

「啓一君、ちょっと見てきてよ。ベランダ」

「ええ？　いいけど、見てどうすんだよ」

ブツブツ言いながらも彼はベランダに出て、少し身を乗り出してすぐ戻ってきた。

「すげぇ沢山出てる。小さいやつが、何本も」

「啓一君、お隣さんにご挨拶を……」

「えっ。なんかやだな……。来週にしようぜ。週末にでも向こうから来るかも知れないし」

翌日、華さんは近所のスーパーに買い物に出た。

ついでにマンションの集合ポストを確認すると、隣室「八〇一」のポストは悪戯防止のため粘着テープで封印されており、誰かが越してきたとは断言できない。

華さんは道の反対側から自宅マンションの八階を見上げた。だが道は狭く、八階の様子などはとてもわからなかった。

少なくとも、鯉のぼりなど一つも見当たらない。

（片づけたんだな。さすがに少し気が早いしね）

ところでこの日、彼女はスーパーである思い付きを得た。

「三階まで上がれば、八階のベランダが見えるんじゃないかなって」

そのスーパーは、マンションとは目と鼻の先といってもよい程近所にあった。

マンションすぐ横の丁字路を斜めに横切った通り沿いで、地上三階まで同じスーパーが入っている。普段は一階で用が済むため、三階まで行くことは滅多になかった。

スーパーの店内には手ごろな窓はなかったが、奥のトイレの小さな窓からは外が見えた。

三階といっても、普通のマンションでいえば五階ほどの高さになる。

窓からは、華さんの住むマンションの八階のベランダが、斜めにではあるがよく見えた。

八〇一の窓にはカーテンもない。

室内の様子までは見えず、断言はしにくいが、やはり空き部屋のようである。

(——あれ?)

ベランダに人が現れた。

窓を開けてベランダに出てくるのを見たわけではない。

まるで最初からそこにいたかのように、人がいたのだ。

大人だ。

どこかで見たような感じがある。

(あれ……? あれって、啓一君?)

距離からして、顔がはっきり見えるわけではない。

それでもそれが旦那さんだと、直感でわかる。

驚いた彼女が、隣室のベランダに現れた旦那さんを凝視していると、その隣にまた人が現れた。

その人物は——華さん自身のように見えた。

怖くなった。

「私でも旦那でも、いるわけないじゃないですか。その二人が、本当は誰だったのか、そこまではわかんないんだけど」

怖くなった理由は他にあった。

「でも、その二人ね、じーっとこっちを見てるって気付いたの」

結局、隣家に新しい住人が来たのは秋頃だ。しかしそのまま一度も顔を見ることなく翌年の初夏に慌ただしく越していった。

空き部屋のまま翌年の春を迎え、また端午の節句が近づいたある日、また空室のベランダに小さな鯉のぼりが掲げられた。

華さんらも引っ越したという。

後日談

吉村さんは東京の大学を卒業後、地元に戻り、現在は大型書店に勤めている。

そんな彼女も、ここまで順風満帆できたわけではない。

「……実は、実家に帰ってから二年近く、何もしないでぼんやりしてた時期があって」

すべてが高校卒業時のまま、時間の流れから置き去りにされたような埃っぽい自室で、半ば引きこもって暮らしていたという。

――都会での就職活動に失敗し、すっかり気力を失っていたからである。

「もうホントに、くたくたでした……。元々意欲が薄いのか、最後の最後まで足掻くっていうより、そこまでして雇ってもらう必要あるのかなって思い始めちゃって」

ある出版関係の会社で、面接担当者が必要以上に高圧的にふるまう、いわゆる圧迫面接のようなものに当たってしまったのもひとつの切っ掛けになったようだ。

帰郷後は大学時の交友関係もほとんど失い、ただ漫然と本を読んだり、ネットを巡回したりする毎日。いわゆるニートの状態に、すぐに片足を突っ込んでしまった。

「実際に経験した人間にしかわからない表現として、よく言われる話なんですけど――ニートって、毎日が夏休みみたいに見えるじゃないですか。それは確かにそうかも知れませんが、ただし気持ちとしてはずっと、最終日の感覚なんです。しかも宿題がひとつも出来てない、八月三十一日……。どうしようどうようって焦りと、どうしてやらなかったんだろうって後悔が、ずーっと続く感じ」

学生時代の朗らかさを失い、怯えたような愛想笑いを浮かべるばかりの吉村さんに、ご両親もどう接すればいいものか悩んでいる様子だったという。

「……でも、お前これからどうするつもりなんだ、とか――いつまで遊んでるんだ、とかってことは、二人とも絶対言わなかったのが凄いというか、今も感謝してて。それを訊かれても答えられないって、わかってたんでしょうね」

――そんな、ある日の夜。

吉村さんは夕食後、コンビニで雑誌を買ってきてほしいと母親に頼まれた。これにはついでにひとつふたつ、自分の欲しいものも買いなさいという厚意が含まれている。

彼女は有り難く思いながら、いそいそと自転車でお使いに出る――。

「……あれっ、タエちゃん？　わあー、久しぶりだね！」

コンビニに着くなり声をかけられ、思わず肩をすくめた。

屈託のない笑顔を向けてきたのは高校の同級生、丹羽さんだった。

「ミユキちゃん……」

五年ぶりにもなろうか。すっかり社会人になっていて、丁度仕事帰りといった様子。

しかし印象は昔とまるで変わらない。小柄で、ひょうきんな身振り手振り。

二人はそのまま、店の隅で立ち話に興じた。

始めは迷ったが、吉村さんは思い切って、自分の状況も正直に話すことにした。

下手に隠したり、虚勢を張ったりする方がみっともない気がしたのだ。

「……だから、もう一年くらい何もしてないんだ、私。恥ずかしいんだけど……」

「そ、そうなんだ……。う、うーん。そっか……」

事情を聞いた丹羽さんは、動揺したのか、突然言葉少なになった。

相手が引いてしまったのだと思い、吉村さんは喋ったことを後悔したが、もう遅い。

ぎこちない空気のまま話は終わり、二人は「またね」とだけ挨拶して、別れた。


次の日の夜。

スマホに着信があり、画面を見れば丹羽さんである。

吉村さんは少々面食らった。高校時代の友達の番号も、当然登録は残ったままなので不思議なことではないのだが、昨日の雰囲気からして電話が来るとは思わなかった。

「……タエちゃん、実はね――カナも今、ほとんど部屋にこもりっきりになっちゃってるの、知ってた？」

「えっ、横山さんが？　どうして、……いつから？」

「もう、半年ぐらいになると思う。始めは病院に行ってたんだけど、それもやめちゃったみたいで。連れて行こうとしたら暴れるんだって、ご両親も悩んでて……」

「病院……」

どきり、と胸が鳴る。

吉村さんも自分の精神状態を不安に思い、何度か情報を検索した覚えがあったのだ。

「カナ、一人暮らしなのに家から出ないもんだから、ほっといたら生活も滅茶苦茶になりそうで。私、時々様子見に行ってるんだ」

「そうだったの……」

高校生の頃、横山さんとは一度も同じクラスにならなかったのだが、丹羽さんの幼馴染ということで一時期はよく遊んだ。どちらかというと物静かな子で、丹羽さんとは傍目にも良いコンビだったから、二人は卒業後も親しくしていたのだろう。

「……私がもっと本気で引き止めてたら、こんなことにならなかったのに」

「……えっ？」

「やっぱり、行かせなければよかった――あんな、心霊スポットなんて」


半年ほど前のことだという。

横山さんは当時付き合っていた男性と二人で、ある山中の廃墟を探検した。スポット探検としては珍しいが、それは日曜の、真昼間であったらしい。市内から車で一時間以上かかる場所というから、ドライブの目的地のつもりだったのかも知れない。

丹羽さんも一緒に行こうと誘われたものの、わざわざ怖い場所に行くのは馬鹿々々しいとしか思えなかった。また、その横山さんの彼氏という人が、前々からどうしても好きになれないタイプだったので、断ったのだそうだ。

なので、その場所で一体どんなことが起こったのか、未だ詳細はわからない――。

わかっているのは二人はそこで、「何かを見た」ということ。

そして、横山さんが現地に置き去りにされたということである。

「もう夕方になってから、カナから電話があって。お願い迎えに来てって、すっごく泣いてて……」

丹羽さんは血相を変え、軽自動車に飛び乗った。

何度も道に迷いながら、どうにか日暮れ前に横山さんを発見できた時――彼女は薄暗い林道の藪に、半ば隠れるようにうずくまり震えていた。

体中虫刺されの跡と、擦り傷だらけ。

意識は朦朧としており、ずっと小さく「ひぃ……、ひぃぃぃ……」と、痛みに耐えているような声を漏らし続けていた。

「どうにかそのまま、実家まで送って行ったら、また子供みたいに泣き出したの。それから何日かは家にいたみたいなんだけど……。全然良くならないから、ちょっと入院して」

数週間後、一人暮らしのアパートに戻り、現在に至るという。

仕事はいつの間にか辞めてしまっていた。

逃げ出した彼氏とも連絡が取れない。

放っておくと、ずっと部屋で家族向けのアニメＤＶＤを見ている。

「……でも、調子がいい時は近くの店で、ジュース飲んだりもできるんだよ。さっき電話した時も、わりと元気そうだったから――だからタエちゃん、あのね、もし良かったら明日、お茶をするのに付き合ってもらえないかな、と頼まれた。


――あまり勘ぐるようなことをすべきではないが。

もしかすると丹羽さんも、横山さんを持て余し始めていたのかも知れない。

本来そこまで責任を感じる必要はないのに、引くに引けなくなってしまっていたのか。

そんな苦しい思いを、吉村さんは察する。

「……わかった。私もどうせ、ずっと家にいるだけだから。付き合うよ」

「ホントに？　嬉しい、ありがとう！　よかったぁ……！」

その声があまりにホッとした様子なので、こちらはかえって不安になった。

そして、翌日。土曜日の午後。

丹羽さんの軽自動車が、待ち合わせのコンビニに迎えに来た。

「何かを見た」横山さんが、座ったという助手席。

僅かな躊躇を覚えつつ、しかし吉村さんは意を決して、それに乗り込む。

そうだ。家でダラダラしているくらいなら、せめて友達の役に立った方がいい。

丹羽さんもまた、強引に気分を上げようとしているのか、不自然なほどはしゃいだ様子だったのだが——目的地に到着し車を停めた途端、ぴたり、と口を閉ざした。

そのまま、しばらく眼前のアパートを見つめる。住宅地の外れで、日差しは明るいのだが車の通りも人の姿もほとんどなく、静まり返っている。

「……ねえ。タエちゃんは、幽霊っていると思う？」

「えっ……？」

「カナ、ホントにお化け、見ちゃったのかな。あそこで一体何を見て、あんな風に……」

そんなことを訊かれても答えようがない。

見れば、丹羽さんの口元は何故か皮肉っぽく、嘲笑含みに歪んでいる。

「あの子の彼氏も、どこに行っちゃったんだか……。生きてるのか、死んでるのか」

「み、ミユキちゃん？」

動揺した声を漏らすと、丹羽さんはハッとして「ごめんごめん」と謝り、車外に出た。

「ちょっと待っててね、すぐ連れて来る」

そう言って、返事も待たずにタタタッ、と走り出す。


横山さんの部屋は一階だったようだ。住人用の駐車場の隅、道路から入ってすぐのところに車を停めているので、部屋までは十数メートル離れている。

丹羽さんはチャイムを押している。

——返事があった様子はないが、数十秒後、ゆっくりとドアが開いた。

隙間から見える真っ黒な髪の女性に、丹羽さんが何かを話し、こちらを指差す。

あの見るからに具合の悪そうな人が、今の横山さん——。

突然、心臓が早鐘を打ちはじめて、吉村さんは今すぐここから逃げ出したいという思いに駆られた。

「ううッ……。なんだろう、どうしよう。どうしよう……」

何故、こんなに緊張するのか。相手は可哀想な目に遭った同級生ではないか。

すうっ、と部屋から出てきた横山さんは、小学生の男の子と手を繋いでいる。

男の子の顔は真っ直ぐこちらを向いている。

あれは誰だろう。

一人暮らしだと言っていたのに。

「……えっ、なに？　だれ、その子……」

思わず、車中で呟く。

三人はこちらに歩きはじめる。丹羽さんは落ち着きなく周囲を見回しており、横山さんはずっとうつむいているが、男の子だけは吉村さんに向けた顔を一度も逸らさない。

その目鼻は逆光でもないのに暗く、よく見えない。

本能的な拒否感が限界に達して、吉村さんは叫びながら助手席のドアを開けた。

「……ごめんッ！　私、やっぱり」

外に出て見ると、そこには二人の女性の姿しかなかった。

子供が消えていた。

――ゾッ、と冷水の穴に落ちたような寒気。身体が重い。

「タエちゃん、どうしたの？」

「かえる……。私帰ります。ごめんなさい……！」

そのまま逃げるように、その場から去った。


後日――。

他の友人たちとちらほら再会し、話をするようになって、丹羽さんたちのその後を知った。

丹羽さんは以後しばらく、吉村さんのことを「ひきこもり」「就職に失敗して、頭が変になった」などと吹聴し、事あるごとに罵っていたらしい。

横山さんは実家に帰ったそうだが、今もあまり外には出ず、療養を続けているとのこと。


――吉村さんはいわば、怪談話の「後日談」だけに触れたようなものと言えよう。

もしかすると行方の知れない「横山さんの彼氏」によって、この話の全貌がどこかで語られている可能性はあるが――残念ながらこちらのルートからは探しきれなかった。

しかしこの出来事が、吉村さんの再起の切っ掛けにもなった。

家でじっとしていると、あの子供の顔が頭に浮かんで落ち着かなかったのだ。

「一か月くらいは、部屋の電気を消せませんでした。だからとにかく疲れてしまおうと思って、クタクタになるまでランニングをしたり、筋トレしたり。急に活発になったので、両親も驚いてましたね」

横山さんと男の子が、まるで当たり前のように手を繋いでいたのは覚えている。

しかしその服装や、髪型などといった、細部がなかなか出てこない。

とにかく全体的に、灰色っぽい印象の子供だったのは確かだという。

あれは――彼女が山から連れ帰ってしまった、何かなのだろうか。

それ以来ずっと、あれと一緒にいるのだろうか。

そんな風に色々考え始めると寒気がしてきて、じっとしていられない。

今は働いている時が一番気が紛れるそうだ。

「……ミユキちゃんに謝りたいなとは、ずっと思ってるんですけど、着信拒否されてて。ラインもブロックされてるし」

友人を介し、会いたい旨を伝えているのだが、未だ返事はない。

痩墨

身長一五五センチ。体重七四キログラム。

話を伺った藪下さんの高校時代の身体測定の結果である。

知人から紹介された彼女への取材の場所は、某チェーン店のファミリーレストラン。事前に電話で約束した待ち合わせの時間から一時間程遅れてテーブルの向かいに座った女性は、間もなく立冬だというのに額にびっしょりと汗を掻き、呼吸を荒くしていた。白の襟シャツにタイトに合わせた水色のカーディガン。両方の脇の下に大きな染みを作っていた。

五年程前の話だという。

幼少時から自身の体型に強いコンプレックスを抱いていた彼女は、とにかく体重を落とすことに人生の大半の時間を費やしてきたという。

外国人の動きに合わせて体を動かせば痩せるというＤＶＤが流行れば、画面の前で必死に汗を流し、一食ダイエットが流行ればスーパーでキャベツを買い漁った。

手に入る「私はこの方法で痩せました！」との触れ込みは、粗方試みたそうである。しかし、体質のせいなのか、どれも実感できるような効果は薄かった。

自分の体型を嘲笑する陰口には幼い頃から慣れていた。慣れてはいたが、あからさまに露骨なものには、家路に一人、悔し涙で顔をぐしゃぐしゃにすることもやはり少なくなかったという。

「痩せて綺麗になってやる。いつか見返してやる、絶対に見返してやるんだって、そればっかり考えてたの」

高校時代、憧れていたバスケットボール部の先輩に告白したことがあった。「付き合っている子がいるから」と、その場はやんわりと断られたが、数日後に彼が廊下で「豚が人間に話し掛けるんじゃねえよな」と友人と笑っているのを偶々耳にしてしまった。後々考えればあまりにも無謀な行動であったと思うが、思春期で自分の気持ちを抑えられなかったこともあるし、周囲の友人たちの後押しもあった。

もしかしたら友人たちは、自分が先輩に無下にされる姿を見て、ある種の優越感を得たかったのかも知れないと、今になって思う。

その日を境に学校には行けなくなった。自室に籠る生活が続き、人目に触れることに強い抵抗を感じるようになり、部屋の外に出ないことで、体重はそれまで以上に右肩上がりに増えていった。二年次には高校を辞めざるを得なかった。

「それからは、部屋でずっとインターネット。絶対に痩せられる方法を探してやるって。痩せればこんな思いはしなくて済むんだって。絶対に痩せて、人生をやり直してやるんだって」

インターネット上に溢れるあまたのダイエット情報の中で、ある口コミサイトの書き込みが目に留まった。

――タトゥーを入れただけで、二十キロ以上痩せました。

俄かには信じ難かったが、なぜか強く惹かれるものがあったという。

「今考えるとなんであんなに魅力を感じたのか判んない。けど『これだ！』っていう、インスピレーションみたいなものがあったんだよね」

調べていくうちに、まじないの一種であると知った。効果があるというデザインや文字を貪るようにして紙に書き写す。それらを組み合わせ、独自の図柄を創り出すことに彼女は没頭した。納得のいくものが仕上がるまでに、半年程を要したという。

「それで出来上がったのが、これ」

テーブルの上に置かれたＡ４サイズの紙には、民族的文様であるトライバル柄と複数の梵字、アルファベットをごちゃ混ぜにしたようなデザインが描かれていた。

タトゥーを入れる場所に選んだのは鳩尾《みぞおち》から臍の下まで。胃と腸の辺りに施すことで、ダイエットに最も効果をもたらすと考えたのだという。

店は地元から少し離れた場所を選んだ。

デザインが複雑過ぎたのか、施術には三日を要した。鏡に映ったその出来栄えに、我ながら惚れ惚れしたという。

タトゥーが完成した夜、猛烈な吐き気に襲われた彼女は、トイレに駆け込んだ。

便器を抱え込む態勢でいると、腹の底から迫り上がってくるものが口から溢れ出した。

赤茶けた水が、とめどなく口から流れ出ていく。彼女に言わせれば「バケツ三杯分くらいの量」を吐き出したという。

まるで自分が壊れた古い蛇口になったようだった。

不思議と苦しさはなかった。むしろ、タトゥーの効果への期待と、やっと痩せられるという安堵感で心が満ちていた。

この現象は一週間程続いた。それからは、通常では考えられない速度で、彼女の体重は激減していったという。


身長一五七センチ。体重三一キロ。

それが現在の彼女である。痩せぎす——という言葉では到底表現が追い付かない。

「今じゃ、道を歩いていると皆が私を見てくるの」

嬉しそうに笑った彼女は、私に媚びるような目線を向ける。

年を聞けば、今年で二十五歳になるという。

彼女の皮膚は黒ずんで、手垢の混じった粘土細工を思わせる。

その笑顔は、まるで老人のようだった。

半ジャージ

ハルエという子が転校してきたのは、中学二年の、半端な時期であった。

「すごく暗い子で女子のいじめグループの標的になったんですよ」

京香さんも当時そのいじめグループの一員だった。正確にいうと、いじめグループのリーダー格の「パーコ」の幼馴染で、曰く「金魚のフンのように」付き纏って言いなりになっていた。

ハルエの家は貧しく、指定の制服が買えないのかずっと前の学校の制服を着ていた。

黄色っぽいスカーフ。セーラー服の大きな襟とスカートがグレー。

「目立つでしょ。それでパーコのスイッチが入っちゃったみたいで」

授業中、ハルエの制服姿を横目に睨むパーコの憎悪に満ちた表情――京香さんはそれが忘れられない。

ある日、パーコらと共にハルエを囲んだ。

「あんたなんでいつまでも前の学校の制服着てんの」とやったわけである。

ハルエは口が利けないかのように押し黙っていた。

翌日の体育の時間、パーコに呼ばれて教室に忍び込んだ。

教室には、いじめグループが集結しており、真ん中の机にハルエの制服が広げられていた。

「京香、これやっちゃってよ。得意でしょ」

京香さんは嫌だった。何をするにせよ、最初に手を下すよう命じられるのはいつも京香さんだった。

だが、ハサミを突き付けられて、彼女は何の抵抗もできない。

スカートの裾に、大雑把にハサミを入れるとプリーツが短冊状になった。

「それいいじゃん！」

グループは次々とハサミを入れ、あっという間にスカートはなまはげの着る藁のようになった。

次の時限から、ハルエは一日中ジャージで過ごした。

翌日もジャージで過ごしていたものの、二、三日して上は制服、下はジャージという恰好で登校するようになった。

「ジャージの子がいるんで、せめて上だけでも制服着せろって先生にチクったの。見てよ、あのハイセンスなカッコ。良かったじゃん、あんとき上には何もしなくて」

パーコは嬉しそうにそう言った。

ハルエは一度だけ夏服らしきスカートを穿いてきたが、それもパーコらの餌食となり、また下だけジャージのスタイルに戻った。

「結局、三年になっても他校の制服とジャージのまま。一度もうちの制服は着なかったなぁ。半年もしないうちにハルエはまた転校」

誰とも打ち解けることなくハルエは去った。

彼女はもう苗字すら思い出せない。むしろ苗字など気にしたことがなかった。

時は流れ、京香さんは就職していた。

仕事を終え家に帰ると、母親が「さっきまであんたの友達で、タグチさんって子が来てたんだけど」と言った。

田口……、田淵としても記憶にない。連絡もなく誰だろうと思って仔細を訊くと、どうも中学生くらいだという。

「あがってもらってお茶出したんだけど。話もしないで帰っちゃった。ここらの制服じゃないから、どういう友達だろうって」

制服も、聞けば覚えがある。

「薄黄色のスカーフで、どこがってわけじゃないんだけど全体の造りがちょっと今時は見かけないわよねぇって感じの」

スカートはどんなだったか聞くと、母は首を傾げて天井を見た。

「……そういえば下はスカートじゃなくて運動着だったわね。なんでかしら」

京香さんは心臓を摑まれたようにギョッとした。

慌ててパーコに連絡すると、パーコは「うちにも来た。ミツとヨッシーのとこにも来たって」と答えた。

しかし全員とも、たまたま留守の間のことだったという。

更に時が流れ、京香さんは結婚していた。

この週、彼女は第一子を出産した。

長い戦いを終え、彼女は安堵と疲労で気絶するように寝続けた。

検査などで一週間ほど入院が続く。

次から次へと面会が訪れたが、生憎《あいにく》彼女が眠っている間に来る者もある。

目覚めると、丁度仕事を終えた旦那さんが仕切りのカーテンを開けて入ってくるところだった。

「今、入れ違いに義兄さんが来てたぞ」

そう言われても全く覚えがない。彼女は眠っていたのだ。

だが、旦那さんはやや不審そうに声を潜めた。

「義兄さんとこ、あんな大きい子いたんだっけ」

旦那さんによると、つい先ほどこの部屋へ向かって廊下を歩いていると、この部屋から京香さんの兄が出てきたのだそうだ。

その背後に、おとなしそうな女の子がついてきた。旦那さんは、義兄の娘かと一瞬思ったが、挨拶しても特に紹介されなかったので詮索は止したという。

京香さんの兄は、子供どころか結婚もまだだ。

「中学生くらいで、部活帰りなのかな、制服着てた」

そんなはずはないのだが、と彼女は嫌な予感がした。

「ねえ、それってグレーの、スカーフが黄色っぽくって……」

「グレーだったけど、スカーフの色は……どうだったっけ。挨拶しながらすれ違っただけだったから」

「スカートの色は……？」

そう聞くと、旦那さんは首を傾げた。

「下はジャージだったぞ」

そう答えた。


京香さんの子供はもうすぐ二歳になる。

「子供には、何もなければいいんですけど」

会葬

今から二十年ほど前、尾崎君が中学二年生の頃の話である。

「当時仲の良かった友達に、矢野っていうのがいて――ほとんど毎日遊んでたというか、学校帰りには必ずどっちかの家に寄るのが、日課みたいになってたんです」

二人とも帰宅部で、だらだら気楽な毎日を過ごしていた。

ゲームソフトを貸したり、借りたり。漫画を回し読みしたり。

まだ中学生の小遣いでは、欲しいものを全部買うという訳には当然いかない。

お互い助け合うのは理に適っている。

「勿論、人気ゲームの新作なんかは二人とも買っちゃうんですけど、漫画は助かりました。近くに新古書店の類もなかった時代ですから、どっちがどの漫画を買い揃えるか、相談したりした覚えもあります」

矢野君が買う担当だった漫画にエッチなシーンが登場したので、自分も欲しくなってその巻をコッソリ買ったら、誤って持ち帰られてしまい、返してもらうのに大層恥ずかしい思いをした――という、実に男子中学生らしい思い出話もある。

「いやーコレは間違えて買っちゃったんだけど、妹にやるって約束したから一応持って帰るわ、とか。よくわかんない言い訳をしましたね、ハハッ。あれはキツかったなぁ……」

そんな、ある日の放課後。

前々から気になっていたゲームソフトを矢野君が遊び終えたというので、尾崎君はそれを借りるため、彼の家を訪ねた。

攻略に関するいくつかの質問や、アドバイスをやり取りしているうちに、二人の足はどちらからともなく、家の裏山に向かう――。

そこは矢野家が所有する低い山で、小学生の頃には二人して、虫取りなどをしていた場所でもあった。

いくら低いと言っても頂上までは三十分近くかかるし、登ったから何があるという訳でもない。ただ獣道より少しはマシな山道が、山の反対側まで続いているだけだ。

成長するにつれて自然と登る機会も減り、中学生になってからは一、二回しか入った覚えがなかった。

しかしその日は、二人ともゲームの話に夢中だったのか、気がつくとあと少しで山頂というところまでやって来ていた。

——今になって思えば、この時点で既に、少々奇妙な流れではある。


「……あれっ。おい矢野、あそこに何かあるぞ」

最初にそれに気づいたのは、尾崎君の方だった。

休み休み登ってきたとはいえ、額には汗が滲んでいる。

それを拭い、前方、山頂付近に目をやれば——。

真緑の葉を茂らせる木々の合間に、真っ白な何かが置いてある。

近づいてみると、意外に大きい。

円形。

——花輪だ。

紺と紫の色で縁取られた、白い造花の輪が整然と並んで、数本。

「……葬式？　お前んち、誰か死んだのか？」

「はあ？　いや、そんな訳ないだろ。なんだこれ、悪戯？　嫌がらせか……？」

たとえ矢野家の誰かが亡くなっても、こんな裏山の奥深くに花輪を立てたりはしない。

わざわざ山を越えて弔問に来る人などいないし、まるで無意味だ。

しかしそれらは現に、数メートルから十数メートルの間隔を置いて数本ずつ、山道の右側に並び、山頂まで続いている様子である。全部合わせれば二十や三十ではきかない。

芳名名札にはきちんと贈り主の名前が書いてあるのだが、矢野君はそれらのどれにも覚えがないようだった。

しきりと首を傾げ、「なんだこれ、なんだこれ」と繰り返している。

尾崎君は少々、気味が悪くなった。

こんなに大量の花輪が並んでいるのは、これまで見たことがない。

遠目から見ると——まるで一匹の、白い、大蛇のような。

「ホントにすげえ数だぞ……。お前の母ちゃんたち、こんなのがあるって知ってんのかな」

「いや、そんな話ひと言もしてなかった。えっ、マジでどうなってんだこれ……」

二人は戸惑いながらも、更に足を進める。

自分たちの呼吸音や、じゃりじゃりと地面を踏む音がやけに耳につく。

いつの間にか山の中は静まり返っていて、まるで時間が止まった写真の中を歩いているような気分になってくる――。

この花輪の列は、どこまで続いているのだろう。

山頂までか。

それとも、山の向こう側まで延々と。

まさかそんな訳はないと思う。しかし先程、矢野は「嫌がらせか」と疑っていた。もしそれが目的なら執念深く、道の終点まで並べていても不思議ではないのかも知れない。

いずれにせよ不穏な、寒気すら覚える光景なのは間違いない。

やがて――二人は無言のまま山道を登り切り、頂上に着いた。

そこには、〈蟻〉の行列が。

※

「……おい、タツオ！　タツオ！」

「尾崎君！　何やってんのこんなとこで、ちょっと！　大丈夫？　尾崎君！」

ゆさゆさゆさ、と両肩を揺すられて慌てる。

真っ暗な視界に、鋭い光。

一瞬何が起きているのかわからず、「うわっ」と叫んでから、尾崎君は尻餅をついた。

目が見えなくなったのかと思ったが、違う。

夜になっている。周囲は完全な闇で、矢野君の両親がそれぞれ手にする懐中電灯の光が、自分たちを照らしている。

「なっ……、えっ？　あれっ？」

「は……、はッ、ハァッハァッハァッ……」

隣に座っている矢野君は混乱したのか、すぐに過呼吸を起こした。

二人はそのまま引き摺るようにして山を下ろされ、矢野君宅まで運ばれた。


その時、時刻は既に午後九時を回っていたというから、彼らは五時間以上も山の中にいたことになる。

発見された場所は山頂の草むらの中。

どうやら二人とも、山道に向かって土下座のような恰好をしていたらしいのだが、当人たちにはさっぱり覚えがない。

頂上まで登り切ってからの記憶がない。

「――でも、ひょっとすると何かを見たような……。黒い行列というか、何かそんな。今考えるとあれは、喪服の人たちだったのかも知れないんですけど、そう思うのは大人になってから色んな葬儀に出席して、その経験で記憶を上書きしてしまったのかも知れません」

と言うのも、尾崎君は当時「蟻が沢山いた」とは思ったものの、「喪服姿の人々を見た」覚えはない。もしそんなものを見たら、しっかり覚えている筈だという。

なるほど、それは確かにそうだろう。

では、何を見たのか。

「わかりません……。動物？　じゃないなぁ――こう、草むらの中の、蟻の行列を見下ろしてるようなイメージなんです。しゃがみ込んで、ああいっぱい並んでるなぁ、って」

その後、矢野君の両親は尾崎君の両親に、気の毒なほど謝っていたそうだが、特段問題になることもなく、二人の交友関係はその後も続いた。

社会人になってからは少々疎遠になっているものの、数年に一度は同窓会で顔を合わせるという。

※

本稿のインタビュー中、尾崎君は矢野君に電話をしてくれたのだが、何やらすぐに短い口論になって、スマホを仕舞った。どうしたのかと訊くと、彼はさかんに首を傾げた。

「……いやね、もうその話はしないって約束だろう、とかっていきなりキレて。意味がわかんないんですけど、何なんですかねアイツ」

矢野君からすれば、舞台は実家の裏山である。およそまともな経験ではないし、思い出したくない出来事だったのかも知れない。

「いやぁ、それはまぁ、そうかも知れませんけど。あの人たちと約束しただろ、って言うんですよ。誰にも言いませんから許して下さいって、あの時――」

これもまた尾崎君には、一切、覚えがないとのこと。

猫捻り

中学の後輩から聞いた話。当事者はその後輩の兄に当たる人物で、仮に直樹氏とする。

直樹氏は中学を卒業すると建築会社に就職し、家を出て社員寮に入った。しかし、些細な口論から現場監督を殴り、入社して半年程で会社をクビになってしまった。その後は何をしていたのか、後輩を含めた家族も詳しくはわからないという。

「元々、仲のいい兄弟じゃなかったし、兄貴は人と話すのがあまり好きじゃなかったから」

両親は直樹氏が家を出たことで厄介払いができたと思っていた節もある。

「時々、ふらっと家に戻って来ることはありましたよ」

事前に連絡がある訳でもなく、気が付くと日が落ちた庭先に直樹氏の姿がある。いつもしゃがみ込んで何か作業らしき動作をしているのだが、何分《なにぶん》、手元が暗く、一体、何をしているのかはわからない。

その雰囲気から、声を掛けるに躊躇する。

――言葉で表すなら、そうですね、「一心不乱」っていうのがちょうどぴったりかな、と後輩。

夕食を共にするでもなく、また気が付くといつの間にか姿が消えている。

「俺もあまり兄貴とは関わりたくなかったし、面倒なことに巻き込まれるのも嫌でしたから」

あえてそれ以上の詮索はしなかった。


ある夏の昼下がり。部活から帰った後輩は庭先にしゃがみ込む兄の姿を見つける。こんな昼間に帰って来るなんて珍しいな、と思った。後輩の姿に気付くと、直樹氏は「お前、ちょっとそこで見ていろ」と言い、傍らに置いたドラムバッグから子猫を取り出した。

取り出された茶虎の子猫は衰弱しているのか、手足を僅かに動かすだけで、力がない。

直樹氏の手の上で、弱々しく鳴き声を上げる。直樹氏は両の手で子猫を包むと、右手で子猫の頭を覆い、瓶の蓋を開けるように、ぐりっと捻った。

キュッ――と幼い声を上げ、全身を硬直させた後、茶虎はだらりと手足を垂らす。その後も、ぐりっ、ぐりっと小さな頭を捻り続ける。胴体から千切れる寸でのところで、直樹氏は満足げに嘆息を吐き、ドラムバックを開け、ぐったりとした小さなそれを乱暴に押し込んだ。

再び別の子猫を取り出すと、恍惚の表情で首を捻る直樹氏。

目の前の兄が一体何をしているのか、理解が追い付かない。頭がくらくらして、酸っぱいものが喉元にせり上がってくる。

どこからどう集めてきたものか、十匹程の子猫の首を捻り終えると、直樹氏は額の汗を拭い「また来るわ」と言って、亡骸の詰まったドラムバッグを肩に掛け、立ち去った。

「親に言おうか迷ったけど、兄貴の話は家の中でタブーみたいな雰囲気があったから、結局言えなくて」

それから何度か兄の姿を庭先に見ることはあったが、気付かれないように踵《きびす》を返し、兄の姿が見えなくなってから帰宅するようにしていた。

「……兄は恐らく、猫を虐待するために家に帰って来ていたんじゃないかと思います」

二年前の冬、隣町の不動産仲介業者から後輩の家に連絡が入った。

聞くところによると、兄がアパートの家賃を数か月滞納しているとのこと。加えて、携帯電話も料金未納で利用が停止されており、アパートを直接訪ねても応答がないという。万が一のことを考えて部屋の中を確認したい。ついては、親族に立ち合いを願いたい、というのが担当者の主訴だった。

両親が頑《かたく》なに拒んだため、結果、後輩が渋々同行することになった。自宅の最寄りから二つ離れた駅前で担当者と落ち合い、案内されるまま後を付いて歩く。十分程して着いたのは、古びた二階建てのアパート。兄貴、こんなところに住んでたんだ、と後輩は思う。

ドアに取り付けられた郵便受けからは郵便物や広告類が溢れている。インターホンなどはなく、担当者が乱暴にドアを叩く。××さん、××さん、いますか。いたら返事をしてください――。何度声を掛けても、返事はない。担当者は鞄から合鍵を取り出し、開錠する。ドアが開くと中から強烈な獣臭が溢れ出し――、思わず噎せ返った。

兄貴、入るぞ――。室内に向かって声を掛ける。台所を兼ねた細い通路の床には生ゴミや衣類が散乱している。進むにつれて臭いは一層強くなり、鼻で呼吸をすることが辛くなる。通路の奥にある居間のドアを開けようとドアノブに手を伸ばすが、何かに閊えて容易に開かない。肩をドアに当て、力を込めて押し込んで、漸くドアが開いた。

通路と同様に荒廃した六畳一間の室内。籠った強烈な臭いに眩暈がした。と、同時に視界に入ったのは、床に座り込む兄の姿。ドス黒く変色した兄は、ドアのノブにタオルを引っ掛け、器用に首を吊っていた。担当者が慌てて外へ飛び出し、警察へ連絡した。

現場を確認した作業着姿の警察官から受けた説明は次のようなものだった。

・死後二か月以上が経過している。
・遺体や室内の状況から、外部の関与の可能性は低く、自殺と思われる。
・が、遺体の首が時計回りに五回転程、捻じれている。

直樹氏の葬儀は家族だけでひっそりと執り行われた。


本当に糞みたいな兄でしたけど、小さい頃に一緒に遊んでくれた兄を思い出すと——

やっぱり、兄は兄です。と、後輩。

二階建てバス

十九歳のとき、馬場君は北陸の旅に出た。

彼はまずローカル線沿線の小さな町へ向かっていた。そこの旅館が中間の目的地である。

「通勤時間、特に帰宅の頃に電車旅してると、妙な優越感あるじゃないですか。でもこの路線は人が少なすぎて、それも微妙で……」

無人駅ばかりだ。そこで一人降り、二人降りしてゆく。乗ってくる者はない。

「そしたら、魔が差したというか……なんか突然、降りたくなったんですよ」

二十一時を過ぎた頃、馬場君は突然電車を降りたくなった。本日の目的地である町まではまだ数駅ある。

途中下車こそ気楽なローカル線一人旅の醍醐味――とそこまでの割り切りがあったわけでもなく、何かに突き動かされるように降りてしまった。

「降りてすぐ、我に返ったわけです。で、時刻表を調べ直したら、もうその駅に止まる電車はない」

無人駅のホームに一人取り残されて、馬場君は茫然としていた。

駅前などというものはなかった。月も星もない。まるで真っ暗な海に駅という島がぽっかりと浮かんでいるようだ。

まず宿泊する予定だった宿に連絡を入れることにした。

電話をすると、馬場君が若いことも考慮したのだろう、宿の主人は特別に送迎バスを寄越すと言ってくれた。

駅名を告げると、車であれば四十分程度で着く距離だという。

「これが人情ってやつか、って思ったんですけど、道が狭くてどうしても駅までは来られないみたいで。少し離れた酒屋の駐車場を待ち合わせ場所に指定されたんですけど……そこへ行くのももう、怖いくらい道が暗くって」

『迎えには行きますけど、あの、お一人様でしたよね？』と、宿の主人は、なぜか人数を気にしていた。

電話を切った後も、彼は動けなかった。遠くには点々と街灯が見えており、そこまで行ければ何とかなるだろうが、一向に足が動かない。

何せ暗い。なぜか街灯もない。地続きだと思えるのは、駅の明かりが及ぶ範囲のみだ。

そうしていると、正面から車の音がしてきた。

ヘッドライトもなく、闇からぬうっと一台のバスが現れ、止まった。ほぼ道幅一杯、かなりの幅をとっている。

車内灯が点く。それは、赤い大型の二階建てバスであった。

馬場さんは驚いた。彼を気遣って、駅まで来てくれたのだろうか。

搭乗口ドアが開いた。

「もしかして、○○旅館ですか」と尋ねると、疲れ切ったような老齢の運転手が「はい」とだけ答えた。帽子もなく、ポロシャツ姿だった。

馬場君が乗り込むと、背後で搭乗口のドアが閉まり、無言でバスは急発進した。左右に大きく揺れる車内で、どうにか手近な座席に腰を下ろす。

「車内から見ても外は本当に真っ暗で。バスはなぜか無灯火で、よく運転できるなって思ったんですけど」

路面の悪い振動に揺られていると、ふともう一つ疑問が浮かんだ。

（これいつUターンできるんだろ）

先ほどからバスは真っすぐ進んでいる。止まりも、曲がりもしない。

馬場君は不安になった。携帯電話で地図を出したが、ＧＰＳが一向に機能せず、海の真ん中を走っていることになっている。

二階ならいけるだろうか、と手すりに摑まって二階への階段を上がった。

二階建てバスの天井は大きく開いていた。二階は室内灯がない。空も真っ暗闇だ。

目を凝らすと、空席と思った二階の座席に、人が大勢乗っているように見えてきた。

（えっ、他に乗客が……？）

乗っているよう思われるが、何せ自分の掌ですらはっきり見えないほどの暗闇だ。目を凝らしても、人の姿がはっきりと確認できるわけではない。

だが、揺れがある。バスの揺れに合わせて左右にゆらゆら揺れては戻る様子は、人の動きであるように見える。

結局二階でもGPSは使えず、明るい画面を見てしまった彼はまた一階に戻るよりなくなった。

彼は階段を下りて、元いた席に座った。

（ここはどこなんだ）

その時、携帯が鳴った。


「出たら運転手だっていうんですよ。駐車場で暫く待ってるけど、僕が来ないから、道に迷ったんじゃないかって、そう言うんですよ。で、僕は『え？　もうそちらのバスに乗ってるんですけど』って」

すると、電話のドライバーはこう言った。

『それっていうのは、もしや二階建ての、赤い大型バスでは、ないですよね？』

そうだと答えると、ドライバーは押し黙った。

この空白が何を意味しているのか、馬場君にはわからない。

「間があって、『そのバスは、違うんです。すぐに降りてください』って言われたので、僕も訳がわからず怖くって。電話このまま切らないでくださいってお願いして——」


二階建てバスの老齢の運転手に、バスを止めてくれと頼んだ。

ミラー越しに見える生気のない運転手は、馬場君の存在を完全に無視して運転を続けた。

「だめです。停めてくれません！　もう飛び降りるしか……」

馬場君は電話で助けを求めた。

『あー……あんまり無茶なことはやめてねぇ。ちょっと、運転手さんに電話代わってくれる。耳元にコレ、電話押し付けてくれりゃいいから』

馬場君は言われた通りにした。

やがて、一体何をどう吹き込んだものか、運転手の様子が変わった。

運転しながら、その輪郭が大きく上下にブレ始めた。その振幅は見る間に大きくなり、急に静止した。

同時に、バスがぐらりと前方に傾いて、停止する。

ガタン、バキンと金属音がして、室内灯がパッと消える。

周囲は真っ暗闇になり、続いて——車外に数本の街灯が現れた。

馬場君は持ち物のボストンバッグを抱え、乗降口を両手で開いてバスを降りた。

外に出ると携帯のＧＰＳが動作した。

ずいぶん長い間バスに乗っていた気がしたが、駅から南方に僅か二キロほど移動した寂しい道の途中だった。


「少し歩いて電話で場所を知らせたら、旅館の人が迎えにきてくださって」

旅館のバスは、白いマイクロバスだった。

宿に着いたのは結局零時を過ぎていた。ある程度の状況を聞いていたのか、主人は彼を労ってとても親切にしてくれたのだという。

「かなり心配かけちゃったみたいなんですよ。『まかないみたいなもんで良ければ』と朝食にも呼んでくれて。素泊まり一泊なのに」


主人に呼ばれて、馬場君は従業員の休憩室に通された。

休憩室は旅館の二階で、裏庭がよく見えた。その向こうに、大きなホテルが見えた。

「そのホテルっていうのがね、もう十年だか前に廃業したらしいんですけど、そこに大きな赤い二階建てバスがあったっていうんです。旅館に来るお客で、何人かがそのバスに乗りそうになったって話があったらしくって」

誘拐とか、事件という言葉が浮かんだので馬場君がそう尋ねると、主人は慌てて首を振ってこう補足した。

『いやいや。だからね、うちの旅館は無関係だって、そう言いたいの。ほんと。赤いバスはうちのじゃないから。うちが送迎出したのは親切。親切だから。昨日ね、電話もらったでしょ？　そのとき嫌な予感があったんだよ』

前夜、無人駅に取り残された馬場君から旅館に電話が来た。

電話越しに、馬場君の戸惑った話し声の向こうに、数名の話し声がしたのだという。

『あんな駅で降りる人ぁいないよ。なのに変でしょう。お客さん一人だっていうし。これはなんかあると思って。運転手から待ち合わせ場所にいないって言われて気が気じゃなかった。こっちから電話何度もしたんだけど、繋がらないし』

馬場君が赤いバスの中にいたときだろう。携帯で地図を見ていたはずだが、主人のかけた電話は繋がらなかったのだそうだ。

馬場君はそのバスは今どこにあるのかと主人に聞いた。

廃業後、バスはしばらくは放置されて腐っていた。気が付いたらなくなっていたのだという。

二階建てバスを止めてもらったとき、旅館の運転手は電話越しに何をどう吹き込んだのだろうか。

「それが、朝になってから気になって、聞きたかったんですけど……旅館の運転手さんには会えなかったんですよ。だから、何て言ったのかはわからないんです」

聞けたら〝旅で役立つ耳より情報〟になるんですけどね、と馬場君は苦笑した。

旅館の夜

「ビジネスホテルばっかりなのも味気ないだろ？　出張で来た時にさ、旅館を一泊取ったわけよ」


都内の旅館である。

初日の仕事を済ませて旅館に戻った田所さんは、夕食もそこそこに大浴場で湯船に浸かり、眼鏡を外して布団に潜り込んだ。

早朝に目が覚めた。

仰向けのまま目を開けるとうすぼんやりとした天井が見える。

外が明るくなるかどうかの時間で、室内は薄明りに微かに照らされていた。

ふと眼前を何かが横切る。眼鏡を外しているためはっきりとは見えない。

それでも——虫だ、と思った。蚊でも潜り込んだかな、と寝転がったまま手で払う。
（もうひと眠りしたいが……）
またフワフワと小さな何かが横切る。
蚊なら殺さなければ、寝てる間に刺されてしまうだろう。
浅く呼吸して寝たふりをしていると、また視界の隅に小さな何かが入った。
（おっ、きたきた）
ふわふわと、それは視界の中央に踊り出る。
タイミングを合わせ、予め布団から出しておいた両手を
パンッ。
思い切り打った。
硬い手応えがあった。
甲虫だったのかな、と両手を眼前に引き寄せて開くと、激痛が走った。
慌てて両手を確認すると、右の掌、親指の付け根あたりに釣り針が食い込んでいる。
（なんじゃこりゃあ）
なんでこんなところに釣り針が、と抜こうとすると、その釣り針が今度はグイグイと上

に強く引っ張られる。

(なんじゃこりゃあ、全力じゃねえか)

大物を釣り上げるときの力である。

「あだだだだだだ」

上半身を釣り上げられながら、思わず叫ぶ。

手を振り回すが簡単には離れない。

右手は、強烈な力で釣り上げられながら右へ左へブンブンと振り回される。

左手で右手首を摑んで取りすがる。

たまらず立ち上がった。一瞬だけ引きが弱まったが、すぐにまた引かれる。

力は、天井へ向かって真っすぐ真上に引き上げようとしてくる。

なんとか釣り針を取ろうと左手で抗いながら、右掌の針を外そうとするが——。

(くそっ、返しまでついてやがる)

遂に、足が床から離れた。

彼は右手一本で天井からぶら下がる干物のようになる。こうなってしまってはもう体を揺らす以外に、抵抗のしようがない。

「何なんだよ！　畜生！　畜生！」

体を前後に揺らしながら、必死の抵抗を続けていると、ブチンと衝撃があった。

彼は腰から床に落ちた。

右掌の皮膚は酷くめくれ上がり、酷い出血をしていた。


「次の日は病院行ったよ。まったく、今思い出しても腹が立ってくる。何だったんだあれは」

一応旅館には寝ている間に引っ掛けたという形で苦情を入れたが、引っ掛けるようなものが何もなかったため不審がられただけだった。

もちろん、天井にも異常はなかった。

「医者には釣り堀で釣り針に引っ掛けたって言ったけど、『馬鹿野郎、マグロでも釣るつもりだったのか』って言われたよ」

医者の見立てによれば、傷は大型回遊魚を狙う針によるものに近かったという。

かつら

吉田さんが、まだ小学四、五年生だった頃の話。

「私が中学生になるまでは、夏休みに毎年、家族で海水浴に行ってたんです。実家から車で一時間くらいの、県南の海水浴場だったらしいんですけど――」

大人になってから友人と訪れてみた際、本当にこの場所だったのだろうかと首を傾げてしまった。勿論ご両親がそうだと言っているのだから、間違いはないのだろうが。

「昔はこう、海の家や板張りのシャワー小屋がいっぱい建ってて。カラフルなのぼりや看板も、ズラズラッと並んでたような――丁度、お祭りみたいな印象だったんですよね」

時代の流れか、往時の賑わいは最早見る影もない。

丁度テレビが海開きのニュースを流しているような時期だったのだが、殺風景な砂利と砂だけの海岸には、地元の家族連れがふた組三組、ぼんやり座っているだけ。かつて海の家があったと思しき場所には、朽ちた浮や網を載せた古い船が打ち棄てられていた。深い紺色の海に、白く眩しく反射しながら寄せては返す、尖った波。

霞んだ雲が浮かぶ水平線。

沖に頭を出す岩礁。

「……そんなのを、なんか友達と話をしながら眺めてて。急にパッ、と思い出したんです。あッ、あの岩、覚えてる。私、昔この海で攫われそうになったんだ、って――」


灼けた砂浜から浮き輪で脱出し、吉田さんは波間に浮かんでいた。

周囲にはたくさんの海水浴客。わいわい、きゃあきゃあと大変に賑わしい。

波というのは陸から想像するより重く、強いものであるから、大人でも気を張っていないと全身を揺さぶられ、頭から海水をかぶってしまう。海に入って遊ぶというのは、あえてその抗いがたい力に、弄《もてあそ》んでもらうということだ。

足がつかないような深さまで行くのは、尚更怖い。

いくら浮き輪があってもズボッ――と身体が抜け、どこまでも沈んでいってしまうのではないかという不安が拭えない。海水浴は勿論楽しいのだが、吉田さんが好きなのは海水に触れたり海の家で飲み食いしたりすることであって、泳ぐことではなかった。

しかし――。

「マユ。浮き輪に入ったままでいいから、どこまで行けるか、一回試しに泳いでみたらどうだ？」

浮き輪の端を摑んでいたお父さんが、半分脅かすような具合で提案した。

「ええっ？……どこまで行けるかって、どこまで？」

「んー……。じゃあ、あの沖の岩場は？　あっちの方角に、行けるとこまで。……へっへっ、どうした。怖いか？」

吉田さんは子供ながら、イラッとする。

お父さんはしばしばこのように、ふざけた調子で彼女を脅す癖があった。大人の癖に突然、妙に子供っぽいことを言いだしたりするのだ。

お母さんがいれば「何言ってんの、バカじゃないの」と叱ってくれるのだが、今は砂浜で、妹と一緒に砂遊びをしているのが遠目に見えた。

「そんなの、危ないじゃん。溺れたらどうすんの」

「溺れないよ、浮き輪があるんだから。……それにもう、どっちにしたって足がつかないだろ？　頑張って泳ぐしかないんじゃないか？」

はっ、と気づいた時には確かに、つま先に触れる砂はない。

一瞬ひやりと寒気がしたが、それよりもお父さんの、クラスの男子と大差ないようなからかい半分の言い草に苛立ちが増す。本当に、子供みたいな人だ。

「……じゃあ、お父さんは溺れないんだね。知らないよ、浮き輪離しちゃっても」

「離さない離さない……。ホラ行け、バタ足、バタ足」

売り言葉に買い言葉とでも言おうか。

二人はそうして、砂浜からどんどん離れて行く。

吉田さんは浮き輪の穴から上半身を出したまま、沖へ沖へと泳いだ。

予想外に早い速度で進んでいるのは、後ろからお父さんが押しているからだろう。

周りにあふれていた楽しげな海水浴客たちの声も、あっという間に遠ざかる。

立派な体格の男性がシュノーケルをくわえ、ちらほら頭を出したりはしているが、逆に言えば既に、そういう大人たちしか来ないエリアにまで出てきてしまったのだ。

吉田さんの不安は人の姿が減るのに合わせ、みるみる膨れ上がる。

もう帰りたい、と娘が泣きつくのを待っているのか、お父さんは自分から話しかけたりすることもなく黙ったまま。

こうなると、彼女も意地になってくるが――。

「はっはっ……、はっはっ……」

疲れてきた。

プールで泳ぐ時よりずっと消耗が早い。

たった数分で蹴る力が失われてしまう。水が、こんなに重いとは。

「はっはっ……、はっ……、はっ……」

足が動かなくなり始める。

もう、下半身を浮かせられない。

悔しい。

「はっ……、はぁ、はぁ……、はぁ……」

ぎゅッと下唇を噛んでから、吉田さんは敗北した思いで、後ろを振り返った。

お父さんは両腕を伸ばして浮き輪を押し続けている。

何故か海面に耳まで顔を浸けているので、後頭部と首筋しか見えない。

「……お父さん。もう帰ろう」

返事はなかった。

そして吉田さんは、自分たちがゾッとするほど浜辺から離れてしまっているのを目の当たりにした。砂浜にいる人たちの顔が、最早判別できないくらいに小さかった。

周りには誰もいない。完全に孤立している。

「こわ……、こわい。お父さん、怖いよ。もう帰ろうよ」

お父さんは顔を上げない。

浮き輪の速度も変わらない。

自分たちの身体を叩く波の音がぴしゃぴしゃと、妙に小さく、鮮明に聞こえる。

悪ふざけが過ぎると思った。彼女はカッとして、パシパシッ、とお父さんの手を叩いた。

「お父さん、やめて！　お母さんに言いつけるからね！　もうやめてってばッ！」

バシッ、とひと際大きくその手の甲を叩いた瞬間。

――ふっ、とその両腕から力が抜け、だらしなく伸びたまま浮き輪から離れた。

お父さんは顔を上げなかった。

波に揺られ、一メートル、二メートルとその身体が離れていく。

沖からの波をまともにかぶって、湯船に入れたタオルのようにぐにゃぐにゃと揺れる。

そしてそのまま、とぷん、と全身が海の中に沈んだ。

それと入れ代わりに、ぷかり――と浮かび上がってきた、不定形の物体。

髪だ。

それは黒々としたカツラである。

――海の水が突然、物凄く冷たくなった。


呆然として顔を上げると、視界の端、数十メートル沖の岩礁で動くものがある。

肌色の人影。

にゅっ……、にゅっ、と裏から伸びてきた腕が岩を摑み、身体を前に運ぶ。

続いて足も、にゅっ……、にゅっ、と四つん這いで続く。

しかしあれでは、膝の向きが。いやそもそも、身体のバランスが。

まるで虫のような体形。腕も、足も、普通の人の倍の長さがあるように見える。

それは上体を僅かに起こしてこちらを向き、浮き輪の到着を待つように、動きを止めた。

――そうか。あそこに着いたら終わりなんだ。

あいつに攫われてしまう。

そして、二度と帰って来られない――。

吉田さんは何故かそんな確信を抱き、死に物狂いで足をバタつかせた。

「……ひ、ひぃぃ……、ぁぁぁあああああッ！　うわあああああああッ！」

一度叫び始めると、もう声は止まらなかった。

※

彼女の悲鳴を聞きつけ、すぐに大人たちが助けに来てくれたのだが、一番最初に必死の形相で浮き輪を捉まえてくれたのは他ならぬ、お父さんだったという。

「――もう訳がわからなくて、ずっと泣いてたと思います。私にとってはホントに、生きるか死ぬかの瀬戸際だったので」

実際には、それほど沖に流されていた訳ではなかったと、ご両親は言うらしい。精々、浜辺から二十メートルくらいではなかったか、と。

お父さんも確かに浮き輪を押しはしたが、すぐに吉田さんが怖がり始めたので、足の立つところまで引き返したと証言している。

「別にそれが嘘だとまでは言いません。子供の頃のことだから、私の記憶が曖昧になってるのかも知れませんし。……でも」

波間に揺れる、真っ黒なカツラ。

岩場で待ち構えていた人影。

それらは夢というにはあまりにも生々しく、一度蘇ってしまった以上、もう忘れようがない。そもそもどうしてあんな強烈な事件を、すっかり忘失してしまっていたのか。

何よりもその一点が、彼女自身、どうしても腑に落ちない。

「プールで泳ぐのは嫌いじゃないんです。でもあんまり、海水浴に行こうって気分にならないのは、もしかするとあんな経験があったせいかも知れませんね」

ああ厭だ厭だ、変な話をしちゃってすみません——と苦笑して見せながら、吉田さんはごしごしと、鳥肌の浮いた首筋を擦った。

二十七

とあるスーパー銭湯でのこと。

「そこは朝までやってるから、仕事終わった後よく行くんだ。飲み会後なら同僚と。一人でもよく行くけど。その日は深夜に入ったからもう人もあんまりいなくてね」

深夜ということもあり、お客はまばらであった。こうなると周囲に誰もいなくなることも、そう珍しくはない。

大きな湯船に一人きり。気楽である。

これが棚橋さんがこの銭湯を気に入ってる理由の一つだ。

「そうしてリラックスしてると、鏡の中を誰かが横切ったりね。気のせいかなってくらいのことはしょっちゅう。情けないけど、一人のときは頭洗わないようにしてるよ」

まれに気のせいでは済まないことがある。

二十七

その日も、途中から棚橋さんだけになり、彼は一人で湯船を楽しんだ。

風呂から上がって脱衣所に戻る。

脱衣所は鍵付きのロッカーが立ち並んでいた。

ロッカーは多いが見通しは悪くない。棚橋さん一人きりであった。

壁際にはロッカーが隙間なく並んだ他、脱衣場の中央にも、背の低いロッカーがいくつかの島を作っている。間隔はそれぞれ一メートルほどである。

自分のロッカーに向かって進むと、ふと妙なものに気付いて足を止めた。

壁際のロッカーのうち、上段の一つが開け放たれており、そこから黒い帯のようなものが出ている。

黒い帯はそこから床に垂れ、更に床を這って対面するロッカー島の陰に消えている。

忘れ物だろうか、と棚橋さんは歩み寄り、目を疑った。

それは、とても長く、艶のある髪の束であった。どう見ても人間の頭髪であろう。

濡れて密度感のあるその髪の束は、ズルズルと音を立ててゆっくり動いている。

驚きはしたものの、棚橋さんは軽く水滴を拭いただけの全裸である。叫んで逃げ出すわけにもいかない。

彼は固唾を飲んで髪の動きを見守った。そうせざるを得なかった。なぜなら、彼のロッカーは、今開け放たれて毛を垂らしているロッカーの、すぐ隣であったからだ。

(早くどっか行ってくれ――!)

何者かは知らない。毛の主はどこにいるのか見えもしない。

このまま髪を引き摺って、脱衣所の外に出て行ってくれるのを願うばかりである。

だが、彼の願いは裏切られた。

右手側に開け放たれたロッカー。ロッカーの扉は向かって右に開くものだ。こちらからは扉の外側が見えており、中身までは見えない。

左手側は中州のロッカーによる死角。その死角から、ズルズルと髪の先端が戻ってくるのが見えた。

髪は、ロッカーのほうへ向かって引っ張られているのだ。

彼が見守るうち――長い髪束は、ロッカーにずり上がり、そのまま中へ消えると、〈バンッ〉と大きな音を立ててロッカーが閉まった。

「ようやくこれで着替えられる、と思って慌てて自分のロッカー開けてバスタオル出したんだよ。そしたら」

脱衣所の入り口、目隠しの暖簾の間から、覗く人影に気付いた。

若い男が二人いた。

「男湯だよな」

「おっさん一人だけだ」

「なんだったんだよ」

小声のつもりなのか、ボソボソとそう言いながら二人の男が入ってきた。

棚橋さんは急いで体を拭いて、頭も乾かさずに服を着ていた。

二人の男は大学生風で、ロッカーの番号を確認しながら歩いてきて、棚橋さんの隣にきた。

あのロッカーと、その隣である。

この銭湯の発番システムは一体どうなっているのか。連続する客は近いロッカーになる傾向を、棚橋さんは日頃から煩わしく思っていた。

若い男がロッカーを開け、談笑しながら服を脱ぎ始めた。

棚橋さんはどうにか着替えを終え、ロッカーを離れる。

脱衣場を出る前、彼は振り返った。

さっきの髪の毛が呑まれていったロッカーを見る。

学生風の男の向こうに、ロッカーの中が見える。

中に誰かがいる。

たぶん女だ。

いや、髪の長い女の頭部が、ロッカーに投げ込まれたようにして転がっている。

目だけがやたらに大きく見開かれており、その双眸がロッカー前にいる二人の男を右、左、右、左と交互に睨んでいる。

ロッカーに脱いだシャツが投げ入れられた。


「アイツら何も見えてないみたいだから、俺はそのまま帰ったけどさ」

棚橋さんは語った。

「ロッカー番号二十七。そこは今でも避けてる。ロッカーがそこだったら、頼んで替えてもらうようにしたよ」

幸い、何度も頼む必要はなかった。

偶然かどうかはわからないが、一度替えてもらってからは一度もそのロッカーが割り当たったことはないのだという。

拾い物

「坂上さん、中野に住んでるんだよね？　悪いんだけどこれさ、帰りに○○社さんに届けてもらえる？」

渡されたものは、少し大きめの黒い革製の鞄だった。明らかに男物である。

「えっ。今日ちょっと遅くなりそうで……」

「今日ダメだったら明日の朝でもいいけどさ」

「会議に来た取引先の人が鞄忘れてったんですよ。気付くのが遅くなって、電話したらもう直帰してるって言われたみたいで」

貴重品や携帯などはポーチに入れていたようで、緊急性はないようだった。しかし明日の朝には中身が必要だと言われたため、会社まで届けてやろうということになったわけだ。

そこで坂上さんが頼まれた。

彼女の家は、取引先の会社とそこそこ近かったからだ。

「住所調べたら同じ中野って言っても、うちからは結構遠いんですよ。でも言われた時もう定時過ぎてて人が少なかったし、他にアテもないからって……」

半ばゴリ押しされるような形で、彼女は所用を言いつかった。

大きな男物の鞄を持ち、ちぐはぐな姿で駅に着いた。

普段使っている自分のバッグがいかに軽いかを思い知る。中には書類しか入っていないはずなのに、鞄は重く感じた。

駅から少し歩いて目的の会社のあるビルに着き、警備室に向かった。

彼女が来訪することは事前に伝えてあるはずなのだが、警備員は首を傾げ、不審を露にした。

「はて、何も聞いてませんがねぇ。確認してみますが、本日来客予定はないです」

確認後も、答えは同じだった。どうやら何かの連絡ミスだ。よくあることでもあった。

また警備室では荷物を預かれないと言われた。

こうなると明日の朝一番で届けるしかない。面倒だなぁと思いながら帰路を調べると、終電はまだあるものの地下鉄を二回乗り継がねばならなかった。

（歩いたほうがマシかぁ）

彼女はため息をついて歩き出した。


しばらく歩いて緑地を越え、背の低い雑居ビルの間を通る。

保健所のような大きく古い建物を過ぎたとき、急に背後に妙な気配を感じて振り返った。

背後にはさして暗くもない一本の道が真っすぐ続いている。人の姿はない。

（気のせいかな）

彼女は気にせず、歩き続けた。

公園の植え込みのところを左に曲がる瞬間だった。

〈ガサガサッ〉

音がした。

一瞬のことだ。近すぎて何が起きたのかもわからない。

彼女のすぐ左脇、公園の植え込みの中から、突然何か小さな黒い塊が飛び出してきて、ぶつかってきた。

ドサッとした衝撃はあった。しかし体に当たった感触まではない。

(鞄だ)

反射的に鞄を見ると、上部のファスナーが開いている。

植え込みから飛び出した猫か何かが、彼女の持っていた大きな鞄に飛び込んだのだと理解した。

慌てて鞄を開ける。

しかしどうやら勘違いだったようだ。鞄の中には書類を束ねたファイルがいくつかあるだけで、猫どころか虫一匹いない。

彼女も、飛び出してきたものをはっきり見たわけではない。

それ以上気にするのはやめ、彼女はまた歩き出した。

会社を出るとき、ファスナーは閉じてあったはずだが、と彼女は考えたが、あまり深く追求することもなかった。

どういうわけか先ほどよりも鞄が数段重くなったような感覚だけはあった。

家に着き、シャワーを浴びた。

シャワーを浴びてリビングに入り、彼女はギョッとした。

リビングのテーブルの脇に、あの鞄がある。

鞄は、床にポンと投げ置いただけでしっかりと直立していた。

その鞄から、青白く、しかしやけに筋肉質の太い腕がニョキっと伸び出ている。

それが何かを探すように、テーブルの上を弄り、化粧品を摑んでは次々と放り投げていた。

そのうちの一つが、彼女の足元まで転がってくる。

化粧品はスティックタイプのコンシーラーだった。それにくっきりと、真っ黒な墨のような指の跡が残っていた。


「ああいうとき、本当に何も考えられないんですね。自然に、家から飛び出してました」

髪も乾かさず、彼女は近くのファミレスで一夜を明かした。

「まぁ、それも仕事なんで。翌日、黙って鞄を届けましたよ」

鞄を受け取った取引先の男は、大層喜んでいたという。

林さん、これお願いします

「林さん、ちょっとこれ」

休日のオフィスで作業に没頭していた林さんは、突然背後から声をかけられた。

反射的に振り返ろうとした彼の頭に、急にむらむらと怒りが沸いた。

(ざっけんな、俺は忙しくて休出までしてんだっつの)

林さんは少しだけ上げた頭を戻し、頑としてコンピュータのディスプレイに噛り付いた。

「林さん、これ」

「ああ!?」

不機嫌そうにそのまま威圧する。絶対に振り向いてやるものかと、その強い意思表示である。

彼は、平日の大半を今年何年かぶりに入った新人の指導に費やしていた。

（毎日毎日、何かっていうと林さん林さんって、俺はお前のお守りじゃねえっつうの。近頃の若いやつときたら）

と、そこでふと思い直す。

日頃新人の相手で仕事が進まず、休日出勤までする羽目になったのは林さん一人だったはずだ。

オフィスには今、彼一人のはずである。

振り向いた。

そこには誰もいなかった。

「慌てなかった。怖くもなかった。またか、と思ったね。それまで何度かあったし」

オフィスで声をかけられる。振り向くと誰もいない。同僚に聞いても「呼んでないけど？」と言われる。そうしたことは、たびたびあった。

ただ——と彼は続ける。

「名前を呼ばれたのは、そのときが初めてだったんだ」

元々スタッフの少ない会社であった。

「同僚は俺のこと、ジュンとかジェイとか、ジュンジィとか好きに呼ぶんだけど、林さんって呼ぶのはその新人だけで」

それから少しして。


「林さん、林さん」

彼が手元の資料から顔を上げ振り向くと、誰もいない。

「林さん、林さん」

振り返って誰もいないことを確認しているのに、呼び声は止まらない。

「林さん、林さん」

なんだよ、と呟きつつよく確かめると、呼び声は部屋の隅からしてくる。オフィスは明るいのに、その一角だけがぼんやりと古ぼけたように暗い。

「なんだよ気持ち悪いな！」

つい声を荒げると、他の作業をしていたスタッフが「どうしたのジュンちゃん」と手を止めた。

「いつものやつだよ」

林さん、これお願いします

「俺もこないだ声かけられたよ。その隅だった？」

「ああ」

そんな会話をした。


暫くした頃、林さんはまた休日出勤をしていた。

まだ日の高い時間だ。それでも空調効率と西陽対策のためにカーテンを完全に閉めきり、最低限の照明だけをつけたオフィスは暗かった。

「林さん、これお願いします」

この日も彼一人だ。一人のはずだ。パーティションの中まで確かめたわけではないが警備ロックを解除したのは彼だ。その後誰かが来たかも知れないが、それはわからない。

ふと見ると、コンピュータのグレア液晶画面の隅に反射して、人影が映っている。

ネクタイにスーツ姿だ。ネクタイまでしている人間はこの会社にはいない。

両手に何か大きな袋を持ち、それを差し出している。

思わず、振り向いた。

中年の、げっそりと痩せた男が立っていた。

「うわっ」と短く声が出て、椅子が動いた。

男は無表情に、袋を突き出す。

袋は透明のビニール袋で、中には大きな虫のようなものが詰められ、間を泥のようなものが満たしている。

それは、ひとつひとつが人間の太い指だった。


「泥っぽいと思ったのは、変色して分離した血だな、たぶん。良くは見てないんだ。すぐ意識が飛んだから」

自動でブレーカーが落ちるように、意識が途切れた。

気が付くとあまり時間は立っていなかったが、彼はすぐにオフィスから逃げた。

「で、まぁ、それから二週間くらいして、コレよ」

林さんは左手を見せる。

左手の小指側指三本が義指である。

「バイクでスッ転んで、ズズーって滑ってるときに、指がボロンボロンってもげてったよ。あの時こそ気絶したかったなぁ」

退院後、彼は仕事内容を変えてどうにか職場復帰した。
オフィスで、いないはずの誰かに呼ばれることはなくなったという。

はやくはやく

去年亡くなったという、柴田さんのお祖母さんの話。

「あれは確か、十年くらい前のことだったと思うんですけど――生前、祖母は親戚の叔母さんと一緒に、よく山菜採りに出かけてたんです」

場所は、町の外れの山の中。

中腹を越えて更に登ると、東に広々とした紀伊水道が見晴らせるのだが、そこまでは行かない。

「登山道から少し外れて、南にぐるっと回って行くルートがあったみたいで。シーズンになると毎年、叔母さんと二人で、買い物袋いっぱいの山菜を採ってきてたようですね」

柴田さんも勿論、子供の頃には、食卓にのぼったそれらの料理を食べている筈である。

しかし生憎、あまり記憶にはないらしい。味噌汁の具に、たまに見慣れない菜っ葉が入っていたり、苦いおひたしの小鉢が置かれていたりした——ような気もする、という程度。

まあ、興味がなければそんなものかも知れない。

「私は大学進学を機に実家を出て、それからずっと離れて暮らしていたので……。今思うと、あの苦い味が少し懐かしいような、ちゃんと味わって食べておけばよかったかな、って気もします」

——十年ほど前のその日も、お祖母さんは三輪自転車で叔母さんの家に向かっていた。

ふたつの後輪の間に、荷物を載せる籠が設けられた自転車である。普通の自転車より幅が広く、小回りは利きにくいが、倒れる心配がない。それに乗って山際にある叔母さん宅まで行き、そこから二人して徒歩で出発、山に登る、というのがいつもの習慣だった。

山菜採りは、朝にする。

それも早朝、夜明け前の暗い時間から活動する人も珍しくない。これは山菜の味が、日光を浴びると変わってしまうからだという。なのでお祖母さんも精々薄明、日が昇る直前くらいに家を出ていた。

田んぼの間を縫いながら続く、田舎の市道。

道路脇には点々と、民家や納屋、商店の類がある。

基本的に見通しは良いようだが、山が這い降りてきたような黒々とした雑木林が、所々で陰を作ってもいる。

当時既に七十代ながら、足腰が達者だったお祖母さんは特に危なげもなく、ゆっくりと、その見慣れた道を走っていた――。

が。その日の朝は、突然。

ドンッ、と激しい衝撃が背後から襲い――自転車が飛ばされ、視界が回る。

「……あぁッ⁉」

ガシャガシャ、ギギーッ、と金属の擦れる音がして、目の端で火花が散ったような気がした。

お祖母さんはごろごろごろッ、と数回転して道端の空き地に投げ出された。

「い……、いたたッ……！」

赤いテールランプが見えた。

それはパパパッと数回点滅して、点灯したものの、数十秒後には物凄い勢いでアクセルをふかし、走り去ってしまった。

――ひき逃げである。


身動きが取れない。

ズキズキ痛む両膝と腰、背中。左の肩と肘も痺れている。

お祖母さんは仰向けになったまま、瞼を閉じても開いても揺れ続ける地面の上でしばらく苦しみ、もがいた。

口の中を噛んだのか、舌には血の味もしていた。

「ひい……。ひいぃ、いたた、ああ誰か……、誰かぁ……」

やがてどうにか喋れるようになり、薄暗い空に向かって声を上げてみたが、答えるものはない。いくら田舎でも、人々が活動を始めるには時間が早すぎる。確かに山菜採りに向かう途中、誰かとすれ違ったという覚えは、今までなかった。

このまま、近所の人が起き出してくるまで寝転がっているしかないのか。

全身の痛みに耐えながら。

それはどのくらい？

一時間？　二時間？

「うっ……、ううう……」

お祖母さんは気の遠くなる思いがして、さめざめと泣きだす。

――それから、どのくらいの時間が経った頃かはわからない。

徐々に鋭さを増す痛みに、お祖母さんは脂汗を流し始めていたのだが、ふと。

ず、ず、ずり、ずり、と、地面が自分の背中を擦っているのに気づく。

いくつもの硬い小石が、腰から、肩甲骨に向かって移動していくのである。

それが体中の打撲などと相まって、ひと際痛い。

「な……、何で？　いたッ、な、何が……」

どうにか顔を横に向けると、野生動物の死骸のように無造作に転がる、自分の自転車の残骸が少しづつ遠ざかっていく。

道路も離れていく。

いや――離れていくのは、自分だ。

足元の、暗い雑木林の方へ。

ゆっくり、ずるずると移動していく。引き摺られている。

〈……はやくはやく……〉

〈……はやく、はやく。はやくはやく……〉

子供の声だろうか。二、三人がぼそぼそと、足の方で囁いている。

お祖母さんは懸命に頭を起こし、そちらを見たが、人の姿はない。

ただ薄明の紫に染まる空き地の先に、古い、一基の鳥居が佇むばかり。

〈はやく……、はやく！〉

〈はやく！　はやく！〉

段々と声が切迫し、お祖母さんの引き摺られる速度が増す。

始めは動いているかいないかという程度だったものが、やがて人が歩いているくらいの速度になり、鳥居がどんどん迫って来る。

「いッ……痛いでぇ！　もうやめて！　やめてぇッ！」

ごりごりと背骨を擦る小石に耐え切れず、お祖母さんは叫んだ。

顔中にびっしり汗を浮かせ、必死に腕を振ると、その拍子にがばっ、と上体が起きた。

お祖母さんの身体はその場でピタリ、と砂煙を上げて止まり――パタタタタッ、と足元から、数羽のムクドリらしきものが飛び去って行った。


「――鳥居をくぐるまで、あと一歩か二歩だったたって言ってました。道路からだと、十メートルくらいは移動してたことになります」

そこは地元の氏神様で、柴田さんが子供の頃まではお祭りなどもあったようだが、少子化などの影響かいつの間にか寂れ、今では訪れる人もまばらだという。

「で……、これは偶然だと思うんですけど、祖母をひき逃げした軽トラックの運転手というのが、昔そこの神主を長くやってた、お爺さんだったんですね。もう半分認知症が入っているような感じで、どうしてあんな時間に、ライトも点けずに走ってたのか、きちんとした説明もできなかったようで……」

お祖母さんは数十分後、いつもの時間に来ないのを不審に思った叔母さんによって発見され、病院に運ばれた。幸いどこも骨折しておらず、打撲傷で済んだのだが、背中には擦り剥いた怪我が沢山残っていた。

「怖い目にあった、何かに氏神様の方へ引っ張られた、って訴えても、やっぱりすぐには信じてもらえなかったようです。事故のショックで混乱したんだろうって思われたんでしょうね。……ただ」

発見された時、お祖母さんの両足首には、短い藁縄が結ばれていた。

一体いつ結ばれたものかは、見当もつかない。勿論自分でそんなことをした覚えもない。

お祖母さんは非常に気味悪がり、それはすぐに捨てられたらしい。

柴田さんが聞いた限りでは、その縄は特に何の変哲もない、田舎ならどこの家ででも見かけるような手作りの藁縄であったという。

山菜採りは、それからも数年——農作業の最中に転んで右の足首を骨折するまでは、続けていたそうである。

目撃者

橋が中央にかけて膨らんだその向こうで、急ブレーキと金属の弾ける音がした。

時刻は深夜である。

麻利衣さんは川を越えたところのアパートに向かって歩いていた。ほろ酔いで機嫌もよく、懐メロを口ずさんでいた。

激しいブレーキ音にも金属の爆ぜる音にも彼女は動じることなく、ゆっくり橋の中ほどまで差し掛かった。

すると、橋の上で一台の自転車が倒れているのが見えた。

(ははぁ、さっきの車が引っ掛けたんだな)

つい今しがた、猛スピードで走っていった一台のセダンがあったのだ。接触してそのまま走り去ったようで、その車はもう見えない。

麻利衣さんは面倒を恐れ、救急車を呼ぶこともなく、そのまま歩き去った。

男は自力で立ち上がろうとしているし、大丈夫だろうと思ったのだ。


「普段はそこ通らないんです。その橋を通るのは終電逃した時くらいなので……」

再び彼女がその橋を渡るのは、二か月ほど経ったある晩のことだ。

同じく深夜、橋の中ほどまで来ると、立て看板が一つ設えられているのに気付いた。

〈平成〇〇年六月〇日　深夜一時頃、この場所で自転車と自動車の事故がありました。目撃した人を探しています〉

そう書かれている。

日付、時刻、状況、間違いない。あの事故だ。

ドライバーは捕まったのか、自転車の主は無事なのか、看板には何の情報もなかった。

(生きてるのかなぁ、無事だといいな)

そう思ったときだ。

彼女の疑問に答えるように、看板の文字がザザーッと上から、赤いペンキに塗りつぶされるように消えた。

彼女がギョッとして飛び退く間に、看板は真っ赤な、一枚の板になった。

(――?)

しばし目を疑う。

ペンキの上から指でなぞるように、そこに文字が浮かび上がった。

〈おまえが〉

そう読めた。

彼女は走って逃げた。


「……それだけなんですけど」

この話を聞いたのはファミレスであった。

その後、他愛ない世間話などをしていたのだが、帰り際に通りかかった六十歳くらいの女性が、ふとこちらのテーブルを気にして戻ってきた。

「あのねお嬢さん、もし何か見たなら、すぐ警察に連絡したほうがいいわよ。老婆心からいうけど。老婆だけに」

一方的にそう言われて、麻利衣さんもだいぶ目を白黒させていたが、何も言い返さず「はい」と答えた。

筆者もそれがいいと言った。


後日、麻利衣さんは警察に電話をした。

「なんでか自分でもわかんないんですけど、ほんとになんとなく、電話ボックスから……」

彼女は自分の携帯からではなく、公衆電話から電話したのだそうだ。

最寄りの所轄に電話をかけ、出た女性に「近くで起きた交通事故の情報提供」ということだけを伝えると、担当の部署に繋いでくれると言った。

受話器から、呼び出しの音楽が流れる。

彼女は車種などわからないし、無論ナンバーなど見てすらいない。そもそも今更情報提供などして、どうしてその場で通報しなかったのか、薄情な人間だと思われるだろうかと不安になる。

しばらく待っていると、なぜか音楽が徐々に小さくなってゆく。

ついに音楽が消え、無音になった。

最近はフェードアウトするのだろうか、と彼女が相手の第一声を待っていると、電話の向こうから男の声で『もしもし』と聞こえた。

妙な声だ、と思った。

テレビのバラエティ番組でたまに聞く、合成音声の男の声に似ているなと彼女は思った。

「あ、あの……」

『男の人は生きています』

藪から棒に言われたが、彼女はホッとした。

罪悪感の九割が消えて、心の底から安堵した。

「よかった」

『男の人は生きていて、あなたに感謝しています』

「それなんですけど、私」

『感謝しています。お礼をしたいと言っています』

なんだか妙だ、と麻利衣さんは思った。

情報提供に感謝ならわからなくもない。彼女としては謝るくらいのつもりでいたのに、まだ何も話していないうちにお礼などと言われて、困惑した。

『お礼をしたいです。名前を、教えてください。今、どこにおりますか』

「こ、困ります、私、あの」

『住んでるのは、川の、あたりですか。また、あの橋を通りますか』

「……」

『歌も、うたいますか』

彼女は電話を切った。

二度と、あの橋を通ることはないという。

命綱

　かつて再開発地域の工事で不可解な体験をした古畑さん。

　それ以来、現場で不思議な体験をすることがあったという。

「高所作業や、危険な作業でな、『あっ、今日ここで事故があるな』ってわかるんだよ。大手町でも、永田町でも、命に関わるような事故があるときはな」

　最初は当然気のせいだと思った彼だったが、それが二度あって気のせいなどではないと確信した。


　彼は修練を経て足場鳶《とび》と言われる仕事をしていた。

　鳶は建築現場の、ひとつの華だ。足場鳶は高所に作業用の足場を組み上げる仕事で、スピードと正確さの要求される専門職である。

「その現場は中層ビルで、外部足場ってのを組んでたんだな」

足場は、いわば空中の通路である。

外部足場といえば建物躯体の外側に組み立てられるものだ。

「俺が足場の一番上、三十メートルくらいだな。そこで下から足場の部材を受け取って組んでたんだよ。その日は最初からなんか寒気みたいな感じがあったんだけど、急に、下の地面を見たとき、はっきりとわかってさ」

(あ、俺、今日ここで死ぬんだ)

そう確信した。

命綱はない。今では表向き、鳶も命綱をしていることになっている。しかし少なくともこの時期の古畑さんらは、命綱を忌避していた。

高所での仕事は、どこかで危険はないと徹底した自己暗示が必要である。命綱は、作業の足枷になるのみならず、そうした根源的な恐怖を想起させるものだ。

「落ちて死ぬって思って。そしたらもう、涙は出るし眩暈はするし。ビビッてオロオロしたらそれこそ一巻の終わりだ。観光地じゃねえんだから。足場を作ったのは自分らで、自分以外に安全を保証するもんなんかねえんだから」

彼は、自ら細い鉄パイプで組み上げた巨大な細工物の上――地上三十メートルの高所にいた。

手すりはある。だが頼りないものだ。自分をしっかり持てなければ、命の危険がすぐ脇二十センチのところにある。靴のサイズよりも近い。

平常心だけが必要なのに、長い下積みで蓋をしたその恐怖感の底はもう抜けてしまっていた。

拭っても拭っても涙が出てくる。下を見そうになるのを必死で堪える。

大声を上げて異状を伝えれば、仲間が助けてくれるかも知れない。肩を借してくれさえすれば、とも思うが、自分が落下すると悟っている以上、どうしてもそれができない。巻き込み事故になるからだ。

下から仲間の怒号が聞こえ、それもまた彼をパニックにさせた。

不安定にブレる彼の視界の隅に、ふとあり得ないものが映りこんだ。

横を見ると、手摺の向こう、地上三十メートルの空中に、年老いた作業員風の男がいた。

浮かんでいるのである。

（これが――お迎えか）

拭っても拭っても涙で視界が霞むが、合間に見えたその男は、これより五年ほど前に自分に鳶の手解きをしてくれた大将であった。

かつての師は、こちらを見てにここに笑っていた。

そして両手を突き出してくる。

手招きかと思いきや、その両手には意外なものが握られていた。

赤く、太い縄だった。

縄の中ほどが手摺に結わえ付けられており、長さも十分あるように思えた。

（命綱だ！）

彼は縄を受け取り、結ぶべく自らの腰に回す。だが、軍手をした手がどういうわけか軍手ごと滑ってしまいまるで上手くいかない。

それでもその縄を両手できつく握り、彼は深く呼吸し、安堵した。

動悸が静まり、手と足の震えが静まる。

師は、にこにことこちらを見ている。

（大将、ありがとな）

彼は縄を引きずり、歩き出した。

足場の骨組みはパイプであるが、実際に歩くのは三十センチ以上幅のある踏板の上である。気持ちさえ崩さなければ、安全に歩くことができる。

それでもほんの数メートルの距離が、物凄く遠くに感じた。

ようやく、足場の終わりまでたどり着いた。

あとは梯子を降りて、下層にまで戻ればひとまず安心できるだろう。

しかし、命綱を握ったままでは梯子を降りることができない。

何とか腰に巻き直そうと、必死になればなるほど手が滑る。

軍手を捨てて足掻く。素手で触れたその縄は、いやに温かく濡れて、柔らかい。

そのとき彼は気付く。これは縄ではない。

咄嗟に、その縄のようなものを目で辿る。それは、古畑さんの腰から、手摺を超えて、空中に浮かんだ師の腹に繋がっている。

腹から出ているのだ。これは、腸だ。

それと同時に、彼は足元からの怒号に気付いた。

「古畑!!　やめろ!!　何してんだお前!!」

下を見ると、すぐ下の足場から同僚がすごい形相でこちらを見上げている。

古畑さんが手にしていたものはロープだった。命綱でも腸でもなく、安全ネットを張るのに使う長いロープであった。

「それ外して降りてこい！　話を聞けって!!」

ロープの一端は手摺を回って固定されている。

もう一方は彼の首に巻き付いていた。

足場の終わりで、彼が必死に命綱を巻いているとき、実際は自分の首にロープを巻き付けていたのである。

空中に浮かぶ師の姿は、もう消えていた。

「念のため言っとくが、俺は死にてえなんて一度も思ったことはねえからな。だがそれで鳶は諦めたんだ。もう使い物にならないって自分でわかるからな」

寂しそうに、彼は呟いた。

輝玉

高校時代の友人である飯淵の話である。

彼は大学院を修了後、当時交際していた女性と籍を入れた。私も挙式に招かれたが、笑顔が可愛らしい小柄な女性であったと記憶している。

飯淵は都内にある大手のコンサルタント会社に就職していた。

「まだ入りたての下っ端だったから地方のクライアントばかり任されててね。今日は仙台のお客さん、明日は琵琶湖の近くのお客さん。来る日も来る日も地方出張だった」

入社して三年目、飯淵は北陸にある支社への赴任を命じられた。

待望の第一子が産まれたばかりだった。

奥さんは区役所勤務であったため、仕事を辞めて一家で転居するか、単身赴任かの選択を迫られた。

相応の時間を掛けて話し合いを重ね、結果、飯淵は独り、北陸の地へ生活の場を移すこととなった。

「一回は通る道だし、うちの会社には同じような人が周りにいたからさ。嫁も仕事が楽しそうだったし、辞めて欲しくなかったからね」

本当は単身赴任などしたくはなかった。仕事は勿論大事であるが、それよりも家族との生活を大切にしたい気持ちの方が余程強かった。

自分の気持ちにはかなりの無理を利かせなければならなかったが、将来的に家族で過ごせる時間を思えば、それも我慢ができた。頻繁に妻から携帯に送られてくる我が子の写真が何よりも励みになった。

単身赴任を初めてから間もなく一年が過ぎようとしていたある夜。

クライアントとの打ち合わせ内容を纏め、会社を出た頃には、日付が変わろうとしていた。

北陸の初春の夜は身体を芯から凍えさせる。強い向かい風の中、飯淵はコートの襟を立て、マフラーを巻き直した。会社が借りてくれたマンションまでの道程を、スマホを片手に足早に歩く。

画面に映し出された屈託のない笑顔。幼い我が子を抱き締める妻の姿に胸が詰まった。

早く一緒に暮らしたい――。

ふと、顔を上げると、都会では見ることができない満天の星空が広がっていた。

もう少し。もう少しの間の辛抱だと自分に言い聞かせた。

ふと周りに目をやると、きらきらと輝く幾つもの球体に囲まれている自分に気づいた。

なんだ、これは――。

まるで星が空から自分の周りに落ちてきたような感覚。その無数の輝く球体は家路を急ぐ自分の後を付いてくる。

不思議と心が温かくなった。気付けば目から涙が溢れていた。

マンションに着く頃に、いつの間にかあれだけあった球体は全て消えていた。

不思議なこともあるものだと思った。そういえばこういう話を集めていた奴がいたな。

今度の同窓会で話してやろうかと思ったとき、携帯が鳴った。画面に映っていたのは母親の携帯番号。

電話口に出た母は半ば狂乱しており、最初は何を話しているのかわからず、落ち着かせるのに暫く時間が掛かった。

妻と子が暮らすアパートから出火したとの内容だった。

隣二棟を焼く大火事だった。アパートは全焼。出火原因は妻子の隣部屋の男の煙草の不始末だった。

「テレビや新聞にも載ったよ。黒焦げだった。子供なんか、消し炭みたいだったよ」

今までお前が何やってんだかわからなかったけどさ。ああいうことって本当にあるんだな。

そう言うと、飯淵はグラスに残ったウィスキーを一気に飲み干し、叩き付けるようにカウンターに置いた。

会社は辞めたという。

代償

五年ほど前、坂口君の弟さんは郊外の建売住宅を購入した。

「それまでは嫁さんと二人、市内のアパートに住んでたんです。……でも、上の階の人とトラブルになったとかで」

バタバタバタバタバタッ――と毎晩走り回る子供の足音に耐え切れなくなった奥さんが、上階の部屋にクレームを入れに行ったらしい。

「そしたらまぁ、小さい子なんだから多少は仕方ないでしょって開き直られて。一か月くらいは連日、押し問答みたいなことをやってたようです」

一度文句を言いに行ってから、騒音は当てつけのようにひどくなった。時には大人の踵を踏み鳴らしたとしか思えない、とんでもない振動が照明を揺らしたりもした。

奥さんは、次はいつ音がするのか、いつ天井が揺れるのかと毎晩身構えるうち、急速に心の余裕を失っていった。

「で、もうこのままじゃ気が変になるって感じにまで追い詰められちゃって。だったらもう、引っ越そう。この機会に思い切って一戸建てにしよう、って話になったんですね」

事情を聞いた坂口君は不憫に思い、知り合いにあたって、弟さん夫婦の物件探しに協力した。丁度彼の高校の先輩が、地元で不動産業者をしていたのだ。

「そういうことなら俺に任せろ」と、先輩は坂口君に親指を立てた。

――そして弟さん夫婦に、市の外れの国道沿いにある、新しい住宅地を紹介した。


二階建ての2LDK。二台分の駐車スペースと、家庭菜園もできる庭がついている。

デザイン面も申し分ない、立派な新築物件。

いくら片田舎とはいえ、決して安い買い物ではない。

双方の実家から援助を受けることができたのも、購入を決めた大きな要因だろう。

「……今になって思うんですが、何もかも、すごくトントン拍子だったんですよね。弟夫婦が引っ越すって決めたら、それからは何のトラブルや面倒もなく、はい頭金、はいローン、はい家具、って感じで――」

ほんの三か月で、弟さん夫婦は新居での生活を始めた。確かに少々、早すぎるくらいのスピードである。

——だから、という訳でもないのだろうが。

それと同じくらい、新生活が崩壊していくのも早かった。

最初は、鳥のフンだったという。

住みだして一、二週目くらいで、家の前に駐車してある通勤車の、フン汚れが気になり始めた。電柱と家を結ぶ電線や、光ケーブルの類は庭の上を通っているので、そこから落とされているのではない。となると、直接車の屋根に留まって汚しているのか。

弟さんはテグスを張ったり、それにCDをぶら下げたりしてみたそうだが、まるで改善は見られず、白く汚らしいフンの量は日に日に増えていくようにすら感じられた。

毎朝それをウェットティッシュで拭ってから出勤するのが日課になり、不愉快ながらも彼が段々、それに慣れてくると——。

今度は、家の中にフンが落ちるようになった。

場所は玄関土間か、その前の廊下。

虫でもあるまいし、出入りの隙に紛れ込むようなものではない。どう考えてもあり得ない話なのだが、べたりとした飛沫の形と色は、やはりそれ以外のものとも思えない。

奥さんは落ち着きをなくして、この汚れの正体を突き止めてくれと弟さんに頼んだ。

「こんなんじゃ私たち、病気になっちゃうよ。空気が汚染されちゃうじゃないの」

「それはわかってるよ。でもちょっと待ってくれ、ここんとこ頭が痛くて、座ってられないんだ……」

引っ越しなどの疲労も蓄積していたのだろう――ズキン、ズキンと耳の後ろを刺すような痛みが、このところ毎晩弟さんを襲っていた。

その頭痛は夕方以降、家に帰って寝るまでが一番ひどく、朝になると治っている。痛みによる緊張が続くせいで肩も疲れ、連日ぐったりとして動けない。

団欒はおろか、夕飯も碌に食べられず横になってしまう。

――やがて奥さんは、家の中でもマスクをするようになった。

食事も出来るだけ一階ではとりたくないと言い、一人、二階の寝室に持って上がる。

生活用品なども除菌してから次々寝室へ運び込み、ほとんどワンルームで生活しているような有様である。

弟さんは「不潔だから着替えて」と頻繁に言われるのが苦痛で、リビングで寝起きする日が増えていく。鋭く痛む頭を抱えては、暗いソファの上で悩む日々。

折角の新居なのに、何故。どうして――。

夫婦はこうして、僅か一か月少々で、家庭内別居のような状態となった。


「……いつ電話しても、弟は具合が悪いとかですぐに切ってしまうし、嫁さんについても話さない。そのうち全然電話に出なくなったので、これはいよいよ変だと思って、日曜の午前中に家を訪ねたんですよ。そしたら……」

家は、廃屋と見紛うばかりの荒《すさ》みようだった。

庭の花はすべて枯れ、傘立ても郵便受けも倒れたまま。

駐車スペースに面した外壁はベコベコに凹んでいて、通勤車のテールも激しく損傷している。一度や二度ぶつけただけでは、こうはならない。

ただならぬ様子に坂口君は慌てて玄関を開けたが、そこでまた息を呑んだ。

土間も廊下も、乾いた泥で真っ白に汚れて土埃が舞っていた。

明らかに土足で生活していた。

「ゾッとしましたよ——一体何があってこうなったのか、全然想像もつかないというか。正直、もう二人とも死んでるんじゃないかって思いました」

だが、弟さんはリビングのソファで仰向けになったまま、坂口君を迎えた。

「おう、兄貴……、って。なんだよ急に、何かあったのか、なんて普通に言うんです」

それはこちらの台詞だと、坂口君は混乱したまま訊き返す。

一体どうしたのか。何故、こんな有様になっているのか。

……いやぁ、ちょっと具合が悪くて、と弟さんは例によって言葉を濁したが、その時頭上で「ドオンッ！」と踵を踏み鳴らす音が響き、坂口君は飛び上がった。

なんだ——何の音だ。何ごとだ。

……いやぁ、嫁さんだよ。時々ああやってヒステリー起こすんだ。ごめんごめん。

弟さんはそう言い、床に転がしてあった木刀を摑む。

そして大儀そうに立ち上がったかと思うと、それで天井を「ズドンッ」と突き、穴を開けた。同じ穴はソファの真上だけでも数十個あり、他にも点々と、リビング中の天井に開いていた。

何なんだよ、何やってるんだよお前ら。どうかしてんじゃないか。普通じゃねえぞ。

……いやぁ、なんかうるせえから。ごめんごめん。

うるさいってそんな、天井に穴開けて、しかも土足で。何してんだよ。家を壊す気かよ。

坂口君が尚も詰問すると、キッチンの方から「チッ！」と鋭い舌打ちが聞こえた。

――見れば、ダイニングへと続く擦りガラスの引き戸から、ショートカットの女が顔を出している。

弟さんの奥さんである。

……うるせぇなぁ、バカが。

唸るように呟き、奥さんは水の入ったペットボトルを持って、廊下へ出て行った。

彼女が足音も荒々しく、二階への階段を上がっていく最中にも――また「ドオンッ！」と、天井が揺れた。

※

「――私に出来るだけのことはしました。ここは元が三角州なので、一朝一夕でどうにかなるような場所ではありません。三年が限界だと思って下さい」

「三年、ですか」

「三年経ったら、この家を護ってくれる者が去ります。堤防がなくなるようなものです。それまでに、新しい家に越して下さい。その時にまた呼ばれても、私は二度は来ませんから、そのつもりで」

わざわざ遠県から来てくれたという霊能者は、そう言って弟さん夫婦を見つめた。

何か他にも言いたいことがある表情のように、坂口君には見えたのだが――口を挟める雰囲気ではなかったので、黙っていた。

弟さんの奥さんの実家がわずかな伝手《つて》を辿り、ようやく招けた人物である。

その人は最後にこう言い添えた。

「この世界には、〈最初から仕組まれている〉というケースがしばしばあって、その場合、私のような部外者にはお助けできない可能性が高いです。冷たいようですが、それだけはどうか、覚えておいて下さい。最後の最後に自分を守れるのは、自分だけなのです」

※

坂口君の弟さんが件の家を出たのは、三年と半年が過ぎた頃だったという。

つまり結果を言えば、彼らは約束を守らなかった。

「……甘かったんでしょうね。あの人が言ったとおり、三年間はまるっきり元通りに暮らせてたもんだから……。美掃業者にも入ってもらって、元通り新築の綺麗な家になって」

喉元過ぎれば、という言葉もある。

異常な状態になったのは自分たちのせいではなく、目に見えないものの仕業だった――そんな免罪意識が、夫婦の油断を誘ったのかも知れない。


きっかり三年が過ぎた頃、また鳥のフンが玄関を汚し始めた。

庭の花は枯れ、家庭菜園の植物もみるみる腐った。

奥さんは二週間と経たぬ間に体調を崩し、内疾患によって入院、そのまま実家に帰った。

弟さんは幻聴、幻覚を理由に電話一本で仕事を辞め、家を出る直前にはほぼ栄養失調状態で、じっとリビングに横たわっていたという。

現在は、実家から警備のアルバイトに通っている。

当時目にした幻覚とやらについては、今も詳しいことを語りたがらない。

家は、坂口君の先輩が言い値で買い戻してくれた。

ここに至るまでの事情を聞き、流石に責任を感じたのかも知れないが、遅すぎる。

「期限が来た時点で、僕が無理やり家から追い出せば良かったのかなと思うと――やっぱり、後悔は残りますね。結局は僕も、最後の最後まで、半信半疑だったのかな……」

坂口君は最後にそう言って、唇を噛んだ。

鬱を数える子供

「しばらく鬱が酷くて全然動けなくなって、二か月くらい仕事休んでて……急に寛解して復帰したんですよ」

ところが、ふとしたことがきっかけで突然再発した。

ちょっとした仕事のトラブルが引き金になったのだ。

「家に帰ったらズーンと来て、また涙が止まらなくなって。『まただ』ってすぐわかりました。翌日夜九時くらいに起きて、『今度こそもうダメかも』って思ったんです」

再発後二日、または三日後、ようやく意識がはっきりしてきた。

正確に何日経ったのかは覚えていないという。その間、必死に動こうとして、どうにか電話をどこかにかけまくったことは覚えている。バッテリの切れた携帯を充電して確認すると、あちこちに電話をかけた履歴がある。何を話したのかは、ほとんど思い出せない。

さらに体中が痛んだ。

見ると、体中が痣だらけになっていた。

手足はもちろんのこと、背中から腰、足の内側、無数の痣と小さなひっかき傷が残っている。これは全く記憶になかった。


再発後三日目、または四日目。

冷蔵庫の食料で飢えを凌いだ。薬の類は前回使い切ってしまい、一つたりとも余っていない。

医者に行くこともできずに、床を這うようにして一日を過ごした。

翌日になってようやく自分の状況を理解し始めた。

前回寝込んだときは、ここまで酷くはなかったのだ。苦心したとはいえ何とか会社に相談に行ったり、医者に行ったりはできていたのだ。

もう一つ重大な異変がある。

部屋の中に、見知らぬ子供がいるのだ。

バタバタバタッと足音がして、蹲《うずくま》る彼女を飛び越えてゆく。こんなことも、前回はなかった。

翌日——夕方に目を開けると、小さな子供が顔を覗き込んでいた。

叫ぶことも、怒ることもできない。ただじっと、無言で子供の目を見返すだけだ。

(子供ってこんなに小さいんだっけ)

赤ん坊ではない。走ったりできるのだから幼児だ。

幼児の顔を表現する言葉を彼女はほとんど知らないが、その頭が大人の拳一個半しかないことはわかった。

(いくらなんでも頭が小さすぎるだろう)

その日、細々と消費した食料も底をついた。なんとかしなければ遅かれ早かれ死ぬことになる。

更に二日ほど経った。

この日は覚醒してすぐ上半身を起こすことができたのでかなり調子が良い。

会社にも電話して訥々《とつとつ》と状況を説明した。電話している間も子供たちが走り回っていたが、さすがに子供たちのことは伏せた。

(そういえばこのままだと死ぬんだっけ。っていうかこんなに子供いたっけ)

二人が走り回っている。

一人は壁に数字を書いている。何の意味があるかはわからない。

すぐわかる範囲で三人いたが、気配からするとあと一人か二人はいそうだった。

見えている三人は、三人とも頭と手足が異様に小さく、頭蓋の形も歪《いびつ》に思えた。

自分の体の傷は更に増えていた。

鏡で見ると顔が小さなひっかき傷で流血している。

咄嗟に掌を見たが、血はついていないし、爪の間にも血らしきものはない。

彼女は爪を切り、マスクと眼鏡で顔を隠してコンビニまで行った。

やっとの思いで食料と飲み物を確保した。

翌日——なんとか世話になった心療内科に連絡したいが、親身になって相談に乗ってくれた先生の落胆する表情を想像してしまう。

ましてや悪くなっている。何と言い訳すれば許してもらえるだろう。この子供たち、子供は増えた。今日は更に増えたのか、数えたところ六人になっていた。

ただでさえ息が詰まりそうなのにまだ増えるのだろうか、と彼女は思った。

壁の数列もどんどん増えて行っている。よく見ると、壁の数列は算用数字で一、二、六、七、九しかない。きっとそれしか知らないのだ。

体の痛みは増すばかりだった。

裾を捲ってみて自分でも目を背けてしまう。古い痣が治る気配がない。

もし、今心療内科に電話をして洗いざらい話したなら、間違いなく自分はベッドに縛り付けられると考えた。

どう話したらそうならずに強い薬を処方してもらえるかそればかりを考えるうち、補給したエネルギーの使い道がこんなことしかないと思えて絶望した。

牛や豚、魚に詫びるうち、彼女は意識を失った。

おそらくまた翌日――起床した彼女は、なぜか強い敵意に囚われていた。苛立つばかりで何かができるわけではない。

子供がまた増えたように思う。

彼らは思い思いに家の中を駆け回って、眠りを妨げる。体に飛び乗ったり、目をこじ開けたりしてくるくせに、声だけは全く発しない。

また壁の子供は、ずっと壁に向かって謎の数列を落書きしており、その顔すら見せない。

心底、嫌になった。すべてが、である。

苛立ちに任せて、彼女は何かをした。

何をしたのか、自分でもわかっていない。とにかくすべてが曖昧なのだ。

子供らの顔を認識し、その差を説明する語彙を持たなかったように、彼女は今や自分の行動を説明する語彙を持たない。

何かを探して、どこかに置いた。途中何度も何かを確かめたとは思う。

「条件反射みたいな？　大げさにいうと、本能的なもの……っていってわかってもらえますか。パブロフの犬みたいな。今にして思えば、そういうノリで動いてたと思います」

同日夕刻、家のドアが開かれた。

目を開けると、見たことのある同僚の姿が二つあった。

彼女は、そのまま連れ出された。

「そのまま入院になり、二週間は帰れませんでした。でも、入院したら二日くらいでだいぶ良くなって。少なくとも痣は消えて、ひっかき傷はすぐ治らなかったんですけど。色々検査しても異常はなくて、先生とも話したら、条件付きで帰ってもいいと」

木村さんは、こうしてかなり寛解して自宅に戻った。

アパートの荒れた部屋に入り、壁を見るまでは全てが妄想だと思っていた。

ところが、壁の数字は記憶のままに残っていたのである。

壁の低い位置に、端から端まで何度も折り返しながら、長い数列はミミズの這うような算用数字で、一、二、二、二、二、六、七、七、九、一、二、二、二……と、概ねその繰り返しであった。

机の方を見ると、椅子の上にビデオカメラが横倒しに置いてあった。

仕舞い込んでいた古いハードディスク搭載のビデオカメラで、バッテリは切れていた。

そこで木村さんはようやく思い出す。

同僚らによって救助される前、自分でこれを仕掛けたのだ。

理由は、子供たちを記録するためだ。自分がいかにひどい暴力に晒されていたか、子供は何人いて、どんな顔をしていたか、それを記録するためだ。

内容を確認したら、また病気が悪化するかも知れない。酷く躊躇われ、一晩は見ないことにしていたが、翌日にはもう子供たちのことは幻のように思えていた。

「だからもう、いっそ確認して、何も映っていないことを確かめたほうがいいなって思ったんです。もしまずそうならすぐ消すとして、ほんの少しだけなら、と」

再生した。

ぶつくさと恨み言を呟く自分の顔が映り、咄嗟に目を背けた。

ビデオの中の自分は布団に戻り、横になった。

数列のある壁も映っているが、そこにずっといたはずの子供の姿はない。部屋を駆け回っていた子供たちも、一人も映っていない。

ただ時折寝ている自分が「痛いってば！」「やめてよ！」と虚空に向かって怒鳴っている。

そこへ、ドアが開く音がした。「木村さん？」とビデオの中で声がする。二人の同僚であった。

木村さんは、同僚に呼びかけられているが、唸るのみで返事をしない。もう一人の同僚がその場で電話をしている。そしてしばらくして、二人の同僚に抱えられ、連れ出された。

ビデオを確認し「やはり幻だった」と彼女は安堵した。

しかし、空になった部屋に、即座に入れ替わりで先ほどとは別の人物が入ってきた。

これも同僚である。禿げ上がった、人事部の部長であった。

部長は、きょろきょろと部屋を見渡したかと思うと、何もない空間をいきなり蹴り上げ、怒鳴った。

「この役立たず!!」

自分が罵倒されたと思い、ビデオを見ながら木村さんは飛び上がる。

何か、様子がおかしい。

部長は何もない空間をあちこち蹴ったり、小突き回したりしながら、怒声を絞り出すようにしては、噛み殺している。

「なんで！　なんでキッチリやらねえ、クソどもが!!」

罵倒の大部分は判別できなかったが、一部はそう聞こえた。

「この役立たず役立たず役立たず役立たず役立たず！」

そう言いながら、部長は数列の書かれた壁の前にいる、見えない何かを蹴り倒した。

奇妙なことに、壁の端から端まで長々と書かれ、何度も折り返したその数列はクレヨンのようなもので書かれていた。

「家にクレヨンはなかったですから」

木村さんはすぐに会社を辞めたという。

子声

私、原田の大学時代の友人、嶋崎の話である。

彼は一昨年、十年間連れ添った奥さんと離婚した。

原因は客観的にも嶋崎に一方的に非があるのだが、彼の名誉のために詳細は伏せたい。奥さんとの間にはまだ小学校に入学したばかりの長女を筆頭に、幼子が三人いた。離婚話は子の親権や養育費、財産分与など、互いの親族を巻き込んで揉めに揉めた末に、家庭裁判所での調停で決着が付いた。

結果、嶋崎は親権を失った。残ったのはそれぞれの子が大学を卒業する年齢までの月々の養育費と、これから独りで暮らすことになる新築したばかりの一軒家の住宅ローン、奥さんへの慰謝料。

愛知県の信用金庫に勤める嶋崎から連絡を受けたのは、離婚から数か月が過ぎた春先。「今度、東京への出張があるから、久し振りに二人で呑まないか」とのメールが私の携帯に届いた。彼の近況は他の友人たちから伝え聞いていたため、一も二もなく承諾のメールを返した。

久方振りに顔を合わせたのは、新宿のとある居酒屋。時折、ライングループでそれぞれ互いに近況報告はしていたものの、直接顔を見るのは嶋崎の結婚披露宴以来であった。

「おう、久し振り」と声を掛けられ、彼の顔を見てギョッとした。頬がこけて青白く、ダブついたスーツを着ている線の細い男。大学ではラグビー部に所属し、筋骨隆々で一年中真っ黒に日焼けした彼が見る影もなかった。

戸惑う私をよそに嶋崎はテーブル席の向かいに座り、生ビールを注文した。

「まぁ、色々あったけどさ。今はどうにか元気でやってるよ」

余計な心配はしなくて大丈夫だ、と嶋崎。外見こそ変わってしまったものの、昔のように豪快に笑う彼に、安堵感を覚えた。

「そう言えばお前さ、なんか変わった話、集めてたよな」

学生時代の話に一通り花を咲かせ、そろそろ会計をしようとしていた矢先、嶋崎が突然切り出す。

お前もさ、周りから聞いてると思うけど。俺、離婚しちゃったんだよね。嫁も子供も出て行っちゃった一軒家に独りで住んでんの。まぁ、全部俺が悪いんだけどさ。

事情は把握していたものの目の前で本人から話を出され、少々困惑した。掛ける言葉が見つからず、黙って曖昧な相槌を打つ私に、嶋崎は話を続ける。

でもさ。夜、寝てると子供たちが帰って来るんだよ——。

最初、私は彼の話す意味が理解できなかった。学生時代から変わった話を集めてばかりいる私に、酒に酔って冗談を吹っ掛けているのだと思った。

だが、嶋崎の真剣な顔を見ると、冗談や虚勢を話しているようには到底見えない。それ以上の会話は巧く続かず「またこっちに来ることがあったら、連絡してな」と声を掛け、店を出て、新宿駅の改札で彼と別れた。

それから数か月後、再び嶋崎からメールが届いた。

子供たちの声、録音したからさ。休み取ったら、持ってくよ。

会って、直接聴かせたい。いつなら会えるか、との嶋崎のメールに、正直、私は困り果ててしまった。彼が精神的に相当に参ってしまっていると感じたからだ。会って、彼の話を整理し、必要があれば精神科の受診を勧めよう。そう思い、時間に余裕が持てる日を連絡した。

落ち合ったのは前回彼と顔を合わせたのと同じ新宿の、同じ居酒屋。テーブルに着くなり、嶋崎はスマホを鞄から取り出し、突き出しの小鉢の横に置いた。

いいか。よく聞いてろよ。ちゃんと録れてるんだから——。

まだ酒は入っていないが、すでに目の焦点が合っていない。数か月前に会ったときよりもさらに痩せ細った嶋崎の顔を見て、私は悲しくなった。

ごぅごぅという風の音に合わせて、戸が軋む音が二分程スマホから流れる。ここからだぞ、と嶋崎が前のめりになり、目をギラつかせる。

ぎぃっというドアが開く音。複数人の子供の、はしゃぎ、笑い合う声。途中、嶋崎を呼んでいるのか「パパぁー」という声も聞こえた。

それは数分間続き、突如、止んだ。

な、な。ちゃんと子供たち、帰って来てるだろ。俺、今でも一緒に住んでるんだよ——。

そう言って、口の端に泡を立てて捲し立てる。

子供たちが来てくれるからさ。俺、ちゃんと仕事にも行けてるし、ちゃんと生活できてるんだよ。

嶋崎は満面の笑みを浮かべ、スマホの録音再生を切った。

私はその場では彼に言えなかったが、録音された音声の冒頭から最後まで、所々に別の声が入ってた。それは「おまえのせいだ。おまえのせいだ」と同じ台詞を繰り返す女の声。

彼がその声に気付いていたのかは、今となってはわからない。

嶋崎は昨年末、自宅で首を吊っているのを、近くに住む母親によって発見された。

嶋崎、お前、本当はあの声が聴こえてたんじゃないのか。

今年もまた、蝉が鳴き始めたぞ——。

廃工場　解体

K県南部の山中にあったという、某廃工場にまつわる話である。

「……あそこはねぇ——どうやら、地権者がややっこしいみたいなんだよな。Qさんの紹介だし、別に隠し立てする義理もないから話すけど、面倒事はご免だからさ。それだけは気をつけてくれるか」

実際に工場の解体作業に従事したというその人物は、あまり気のりしない様子で無精髭をさすり、そう前置きした。

本稿では彼の名を、仮に山瀬氏とする。

四十代後半。いかにも現場仕事の男といった風貌。

「前々から、色んな噂は聞いてたんだ。建物の中で首を吊った奴がいるとか、女の子が攫われて連れ込まれたとか……。いや、攫われた子が首を吊ったんだっけ？　あとは勿論、お化けを見たってのもね。ホントかウソかは知らないよ。ただまぁ、そんな話が流れても不思議はないくらい、薄気味悪い場所ではあったな」

市の中心部から車で一時間半。

用もない人が偶然通りがかるような場所ではない。人里を離れ、民家もまばらな山の奥の、更に奥へと入り込み――昼尚暗い無舗装の林道を抜けた先。

「道幅はダンプぎりぎりで、片側は崖だ。ホントにこの道で合ってんのかなって、不安になってきたところで、いきなりガバッと山側がひらけて――」

赤錆びた電波塔のような、看板跡の骨組みが姿を現す。

半ば山の緑に呑み込まれ、屋根も壁も分厚い蔦に覆われた、スレート壁の建屋。

それが、件の廃工場である。

敷地のほとんどが膝より高い雑草で埋め尽くされているので、一見しただけでは元がどのくらいの規模のものだったのか把握できない。

アスファルトとコンクリートを何度も継ぎ足し、徐々に広げていったと思しきガタガタの駐車場に、錆びて朽ちかけた立て看板が倒れている。そこに書かれているのはペンキの薄れた、手書きの筆文字である。

〈私有地に付　絶対立入禁止　不□侵入者を発見□た場合　安全は保□し□せん〉

「……一緒に行ってた連中とも話したんだけど、その看板、ちょっと変だろ。普通は、勝手に入って怪我しても知りませんよって書いてあるのかと思うけど——その文面じゃまるで、侵入してるのが見つかったら、どんな目にあっても文句言うなよって意味みたいだ」

看板の脇、駐車場の真ん中には、損傷の激しい自動車が一台放置されていた。

ひと昔前に流行った、軽のトールワゴンである。

こんな場所に一体誰が乗り捨てて行ったのかは最早知る由もないが、車体の傷は経年劣化ではなく、どうやら人の手によるものと思われる。何か硬い棒状のもので、ドアもガラスも、天井もボンネットも、執拗に殴り、破壊したらしい。

到底、まともな人間のすることではない。

それは先の看板の内容と相まって、山瀬氏らに、一種言いようのない不安を抱かせる要因となった。

※

「――山瀬さん、これってもしかして、元はこの車に括り付けてあったんスかね？　見せしめみたいな感じで……」

二十代後半の同僚、大野が不気味な看板をつま先で蹴り、呟く。

普段はオラつき気味の若者なのだが、今日は若干、その頬も引き攣っている。

「さあな……、ほっとけ。あんまり余計な詮索はするなって、坂東さんも言ってただろ」

「……あ、そッスね。すいません」

坂東氏というのはこの解体工事の元請け業者で、地権者から直接依頼を受けた人物。

山瀬氏らはその下請けとして、十人ほどの作業員と共に、現場に派遣されていた。

「とにかく、これだけ草が茂ってちゃ話にならん。まずはダンプの通り道だけでもいいから、お前も草刈りの作業に加われ」

大野にそう指示し、山瀬氏は別の作業員を連れて建屋に向かった。

物騒な噂もあった場所なのだが、外壁には落書きも見当たらず、特に荒らされた形跡もなかった。スナック菓子などを飲み食いした後のゴミが、いくつか転がっているだけ。

山瀬氏らは、脇の通用口から中に入った。

建物内にはひんやりと澱んだ空気が充満しており、やけに水臭い。

そして、暗い。

——先に書いたとおり、建屋は蔦や雑木に埋もれているような状態である。

それらの葉で窓ガラスが覆われ、光が入らないのだ。

丸いハンドルやダクトの生えたタンクが数基、壁沿いに残されてはいるものの、基本的には倉庫のようにがらんとした、薄暗い空間ばかり——。

そもそもは肥料工場として建てられたと山瀬氏は聞いている。

その後何か別の用途にも使われたらしいのだが、詳細は不明。少なくとも彼らが訪れた時には、もう肥料を思わせるような臭いはどこからもしなかった。

「……あの奥に、事務所と休憩室みたいなのがあるって話だったな。行ってみよう」

このような山奥の廃墟であっても、解体に際しては一応、中に人がいないことを確認しておかなければならない。勿論、駐車場にはうち棄てられて久しい廃車一台きりしかなかった筈なので、これは単なる手順のつもりだった。

山瀬氏らは工場の、更に奥へと進む。

建屋のつき当たりに、十畳ほどの広さの事務室。

その入口の横には急勾配の狭い階段が、二階のもう一室へと続いている。

一階の部屋には何もなかった。どこからともなく侵入した砂埃が積もっているばかりで、言われなければ元が事務室だったともわからないだろう。

だが、二階。

古い文化住宅のように軋む、木の扉を開けると――。

「うわッ……、何だこれ」

コンパネ張りの床の上に、五十センチほどもある大ぶりな人形が三体。

川の字になって寝かされていた。

「――俺、ひとめ見た瞬間ゾッとしたんだよ。今まで色んな建物を解体してきて、そんな風に思った現場は一度もないんだけどさ。あの部屋だけは物凄く異様というか……、まるで、人形が死んでるみたいだった――」

人形は布製で、手芸好きな年寄りがハギレを縫い合わせて作る類のものに見えた。

どのくらい放置されていたのか、色が薄い肌などの部分にはカビ汚れも目立つ。

大人二人と、子供一人。全員似たようなズボン姿。

黒糸で描かれた顔の造作も同じなのだが、大人の片方は長髪なので、女なのだろう。

一家三人。

「……くそっ、心中してるみたいで気味が悪いな。おい久米、これだけは先に、ガラ袋にでも入れて出しておいてくれ」

「了解」

一緒に来ていた三十代の同僚が、山瀬氏に頷く。

彼は廃材用の大きな袋を取り出して、そこに人形を詰め込んだ。

ひと通りの確認を終えて建屋を出ると、外の作業員たちが一か所に集まり、しきりに空を指差していた。

怪訝に思う間もなく、すぐに大野が駆け寄ってきた。

「山瀬さん、中、火とか出てないッスよね？　大丈夫ッスよね？」

「ああ……？　どういう意味だ、何があった」

「いや……、だって。あれが」

大野が手を上げ、工場の隅の上空を指す。

そこには漏斗型の黒煙が、空中で固定されたようにじっと浮かんでいる。

「……なんだあれ……」

「さっき急にモワーッと屋根から出てきたんスけど、そのまま動かないんスよ。おかしくないッスか？　煙って、風がないとあんなに固まってるもんなんスかね？」

確かに大型車ほどもある塊が、崩れもせず、一か所に留まり続けているのは異常だ。

しかしそもそも、あれほど真っ黒な煙がどこから出たのか。

位置としては丁度――あの、人形の部屋の真上。

「畜生、どうなってんだ……。久米、お前は建物の裏を見てこい！」

頷き、久米は山側の藪をかき分けながら駆けて行く。

山瀬氏は慌てて中に戻り、隅々まで見て回ったのだが、当然どこにも火の気などない。

ずっと黒煙を眺めていた大野によると、それは数分後、突然その場でフワッと横に広がり、みるみる薄くなって消えたという。

※

解体工事自体は大きなトラブルもなく、一週間ほどで終わった。

建物の基礎や床のコンクリート土間については、わざわざ破砕する必要はなくそのまま放置でよいと指示されていたので、そのぶん作業工程が少なかったのもある。

ただ。

――二日目に、現場を見に来た元請けの坂東氏が、ガラ袋に詰めたまま放置してあった布人形を見つけ、「これはどこにあったんだ」と作業員らを詰問する場面があった。

山瀬氏が「中で見つけたんです」と説明すると、何故か「嘘をつけ!」と大声を出し、ひどく不機嫌になって、すぐに帰った。

――五日目には、鋼材の切断作業を行っていた久米が、突然道具を放り出してダンプに乗り込み、現場からいなくなった。

皆、最初は腹具合でも悪いのかと思っていたのだが、いつまで経っても帰って来ない。

結局、彼はそのまま会社を辞めてしまった。

無断退社だった。

「……真面目な奴だったから、急にどうしたんだろうって心配したよ。一応、大野がアイツの家まで行って話を聞いてきたんだけど、何だかちょっと様子がおかしいというか――もう会社に戻るつもりもないみたいだし。いやホントに、あれは残念だったたな……」

――最終日。

すっかり建物もなくなり、運動場ほどもの更地になった現場で整地作業を行っていると、見慣れないトラックがやって来た。

坂東氏の指示で、石材を下ろしたいという。

はて、そんな話は聞いてなかったがと思いながら荷台を見れば。

そこに積まれていたのは、真新しい祠。

「今頃はまた、雑草だらけになってるかもな。だだっ広い敷地のど真ん中に、ぽつんと石の祠が置いてあって――それはそれで、少し変な雰囲気なんだけど。まぁ肝心の建物がないんだから、面白半分で探検に行く奴はいなくなっただろうね。……噂の心霊スポットも、ああやって更地にされてしまえば、あっけないもんさ――」

廃工場　往時

山瀬氏の紹介で、同僚の大野君に会うことができた。

彼が第一発見者だという不可解な黒煙については、前話に記したとおりである。

「……今度の現場はあそこだって聞いた時から、俺やだなぁ、違う現場に回してもらえないかなぁって思ってたんスよ——そしたら案の定、変なもん見ちゃったでしょ。正直たまったもんじゃないッス」

明るい色の髪を掻き、顔をしかめる。

——というのも、彼は前々から件の工場に関する噂話のみならず、具体的な体験談まで耳にしていたからだ。

「俺は仕事で行ったのが初でしたけど、地元ではずっと前から噂になってる、結構有名なスポットなんで。連れまわりにも、マジで肝試しに行ったって奴はちらほらいて……」

そのうち何人かは、現地で実際に何かを目撃し、帰ってきたようである。

※

数年前、梶君という若者が友人二名を連れて肝試しをやったという。
彼の愛車はローダウンのセルシオ。林道との相性は最悪だが、「元が雑な奴」であるため車体に傷がつくのも構わず、行ったらしい。

背中のシートを震わせるのは、カーステレオから響く複雑な重低音。
真っ暗な山の夜をハイビームで追い払い、小石を撥ねて走る。
道中にはこれといった目印もないので、三人はひとしきり迷う——。
どうにか赤錆びた看板の骨組みまで辿り着くと、時刻は午前二時を回っていた。
眩いヘッドライトを反射させる立ち入り禁止の看板。
上半分の潰れた廃車。
さて、どうするかな、と三人が顔を見合わせたところで。

――ううううう……。

ぅぅぅうううううううぅぅ……。

「……おい。変な声出すのやめろ、つまんねえから」

「出してねえよ――これ、カーステからじゃねえのか」

「気持ち悪い。なんだこの声……」

梶君は舌打ちし、コンソールの電源を切った。

するとキィィイン……、と耳鳴りを残しながら音楽は止み、声も消えた。

三人はエンジン音だけに耳を澄ます。

「……消えたな」

「うん。でもなんか、唸り声みたいだったぞ……」

「お、おい。あそこの草、見ろ」

友人が前方の草むらを指差した。

煌々とヘッドライトに照らされ、鮮やかな緑に浮かび上がっている雑草の海。

その最前列――駐車場の終端で、腰まであろうかという長い長い一本が、ひゅん……、ひゅん……、とゆっくり左右に揺れている。

「な、なんで揺れてんだ……。風？」

「……どっ、どうする？　見に行く？」

このまま逃げ帰ったのでは来た意味がない。

梶君は両腕に立つ鳥肌を無視し、「当たり前だろ」と運転席から降りた。

他の二人は降りなかった。異様な緊張感に呑まれ、身動きが取れなかったのだという。

「おっ、おい梶、待てよ……。なんかヤバくねえか……」

友人の声を無視し、ざっ、ざっ、ざっ、ざっ、と梶君は大股で草むらに近づく。

背の高い草は彼を誘うかのように、ひゅん……、ひゅん……、ひゅん……、ひゅん……、と風もないのに一本だけ、ずっと揺れ続けている。

ひゅん……、ひゅん……、ひゅん……、ひゅん……。

……畜生、ナメやがって。

こんなもん毟ってやる、と彼が歯を食いしばった、その時——。

〈パアアアアーン！〉とけたたましいクラクションが背後で弾け、思わず飛び上がる。

バッ、と振り返って車の方を睨みつけると、友人が助手席から身を乗り出し、

「梶……！　戻れ、戻れッ！　梶ッ！」

腕を振りながら大声で喚いていた。

が、何かおかしい。

それに目眩がする。

梶君は少しふらつきながら、車に戻る。

「くそっ。何だよこの野郎、ビックリさせやがって……」

「お前、後ろに乗れ！　早く！」

後部座席から出てきた友人が、物凄い剣幕で彼の腕を引っ張った。

抵抗しようと思ったのだが何故か足に力が入らず、そのまま後ろに押し込まれる。

質問する暇もなく、彼のセルシオは友人の運転により、廃工場から去った。


町に戻ってから聞いてみると、梶君は確かにあの時、雑草に向かって真っ直ぐ歩き出したのだが——突然その後ろ姿がスウウウウッと左へ、優に五メートルは滑ったのだという。

横に歩いたのではなく、滑った。

まるで動く歩道に乗っているようだった、と二人は言った。

「……俺、あんな気持ち悪い動き見たの初めてだ。思い出しただけで鳥肌が立つよ。両足揃えたままで、建物の方にスーッて移動して」

「ヘッドライトから外れて、後ろ姿がほとんど見えなくなったから、慌ててクラクション叩いたんだ。お前、あのままじゃ絶対ヤバかったぞ」

梶君が覚えた違和感というのは、車のライトの向きが突然五メートル分、ズレていたからではないだろうか。

目眩がしてふらついたというのも、まさに水平式エスカレーターに乗った直後の感覚を連想させる。

友人がいなければ、自分はどうなっていたのか。

流石に、彼も肝が冷えたそうである。

※

西君という若者も、同じように友人らと連れ立って肝試しをしている。

季節は秋口。午前零時頃。

この時は人数が多く、七人。車二台に分乗して行ったという。

頭数がいれば気も大きくなるのか、彼らは工場の入口、錆びついて上がらないシャッターの前まで車を乗り入れた。

「——多分、雑草が多かったからじゃないッスかね。何人か女の子もいたって聞いてますし、駐車場に停めちゃうと、歩いて建物まで行くのは結構大変なんで」

建物を二台分のヘッドライトで照らし、ぞろぞろと車を降りる。
持ってきた懐中電灯でそこらの藪を探っては、悲鳴を上げる。
真剣に探検しようという雰囲気でもなく、半分ふざけ合っているようなものである。
薄汚れたスレートの外壁にもたれて雑談したり、煙草を吸ったり——。
西君は「別に大したこともない、普通の工場だな」と思いながらその辺に座っていた。
しかしやがて、友人の一人が工場の壁を見ながら、首を傾げた。
静かに西君に近寄り、指を差す。
「……なぁ、あれって誰の影だと思う?」
所々ヒビ割れ、苔と黴が根を張ったスレート波板。

その表面に投影されて揺れる、幾つもの影。

光源が車二台なのでそれらは二重映しのようになり、倍に増えて、少し薄い。

友人は不安げに声を潜める。

「……あそこの、あの影って――俺らの影じゃなくない？」

立つもの、座るもの、歩くもの。

談笑するもの、煙草を吸うもの、はしゃぐもの。

その中に、数体。

――じっ、と両腕を揃えた直立不動の姿勢で動かない影が混ざっている。

数えてみれば、それは三人分あるようだった。

「なあ……、あれってもしかして」

「うん」

西君と友人は動揺を隠しつつ、しばらく観察していたのだが――その動かない影に気づいた様子の者が他にもちらほら出てきて、場の空気が変わり始めた。

段々と話し声が減る。

暗闇に、緊張が滲み出す。

西君はあえて明るい声で、「何もないし、そろそろ帰ろうぜ」と声をかけて回った。

反対意見もなく、皆は車に乗り込んでそそくさと工場を後にした。

友人の一人は――全員が車に乗った後も、まだ三人分の影が、壁に焼き付いたように残っているのを見たという。

※

大野君の友人の先輩に、山本君という人物がいる。

彼はなんと、解体工事が始まる直前に、工場の中を覗いたらしい。

「……俺、今度あそこバラしに行くことになった、嫌だなぁ、って連れに愚痴ったんス。そしたらそれが伝わったみたいで」

解体される前に突撃するぞ、とその先輩が言い出した。

驚いた大野君の友人は当然、やめておいた方がいいと何度も引き止めたのだが。

――お前が来ないなら別の奴を誘う、腰抜けは家で寝てろ、と吐き捨てられただけで、彼は結局、自分の彼女と二人で現地に向かってしまった。

「詳しくは知らないんスけど、あの工場に一度は連れてってやるって、前々から彼女と約束してたとか何とか……。意味わかんないッスよ、ディズニーランドじゃないんだから。ホント、どうかしてます」


市街地からだいぶ離れており、しかも迷いやすい山中にある。

これが件の廃工場と、同県のその他の心霊スポットとの、一番大きな違いと思われる。

思い立ってすぐにパッと行ける場所は、それだけ沢山の人が訪れやすく、手垢もつきやすい。一度噂が広まればすぐに窓ガラスは破壊され、落書きが増殖する。

つまりは「怖い」というよりも、「危ない」場所に変質してしまう。

単純と言えば単純な話だが、この廃工場の場合はそのアクセスの悪さに、スポットとしての価値が守られてきた面もあるだろう。

不気味な噂が噂のまま、長年維持されてきた。

望んで心霊体験をしたがる人なら、一度は行ってみたいと思うのかも知れない。

おそらくは山本君の彼女も、そんな一人だったのだろう。

――週末の深夜。

この廃墟にとっては最後の、探検者の車が駐車場に入る。

山本君とその彼女は準備してきた二本の懐中電灯を握り、背の高い雑草を踏み分けながら、一歩一歩と建屋に近づく。

深い山の夜というのは、本当に暗い。

車のヘッドライトは点けっぱなしにしてあったが、間を分厚い草の層に遮られているので、建物自体にはほとんど届いていない。

大丈夫か、足元気をつけろよ、と彼女に声をかけながら、山本君は通用口らしきドアを目指す――。

しかし当然、鍵は閉まっていた。

とりあえず周辺の写真などを撮ってみたが、やはり中が見たい。

大型車を乗り入れるためのシャッターがあったので、山本君はそれを揺する。

ガシャンガシャンガシャン……、ガシャンガシャンガシャン……、と森に木霊《こだま》が響く。

駄目だ、上がらない。せめて三十センチでも開いてくれたら。

ならば窓はどうか。
ブチブチブチッと蔦を毟り、彼はいくつかの窓のクレセント錠を照らしてみた。
……おい見ろ、ここの鍵は甘いぞ。開くかも知れない。
サッシを持ち、上下に激しく揺する。
ガタガタガタッ、ガタガタガタッ。
やった……！
ガラガラッ、と窓が開く。
すごい！　と彼女が歓声を上げる。
その時である。

……ト、タン。
……ト、タン。
建物の端の方で、木を叩くような音。
……ト、タン。
……ト、タン。ト、タン。ト、タン。

これは階段を下りてくる音だ。

ト、タン。ト、タン。ト、タン。ト、タン……。

タタタタタタタタタタタタタタタタタタタタタタタタッ。

真っ暗な工場の中を何かが一直線に走って来る。

こんな十センチ先も見えないような暗闇を、全速力で走れる人間などいない。

うわッ……、と怖気立った山本君はガラス窓を閉めようとしたが、閉まらない。

あんな簡単に開いたのに、今度はビクともしない。

タタタタタタタタタタタタタタタタタタタタタタタタッ。

足音がもうすぐそこまで来ている。

「に、逃げろッ！」

彼女の手を力任せに摑み、彼は雑草の海を、死に物狂いで走り出した。

※

——大野君はこの話を、工事が終わって何か月か経った後で聞いた。

二人はどうにかその場から逃げられたようで、だからこそこの話が彼の耳に届いたのだが、最初に聞いた時は鳥肌が引かなかったという。

「……だって、奥に階段があるなんて、ホントに現場を見た人じゃないと知らないじゃないスか。つまりホントに、夜中にあそこに行ったら、アレが走って来たってことでしょ」

アレとは何かと訊くと大野君は苛立った様子でこちらを睨んだ。

「とぼけないで下さいよ。山瀬さんから聞いたでしょ——あの、ガラ袋に突っ込んであった人形に決まってるじゃないスか」

アレとこの話が、無関係な訳はない。

つまりはそういうことですよ、と首を振った。

「久米さんも、あんな気味の悪い人形に触ったからおかしくなったんだと思います。絶対そうッス。詳しい話は本人から聞いて下さい。……自分はもう、この辺でいいッスよね？

知ってることはこれで、全部話しましたから」

とても助かったと礼を述べると、大野君は長年の重圧から解放されたように、ハーッ、と息をついた。

別れ際、「本に書くのはいいけど、俺には送って来ないで下さいよ」と念を押された。

廃工場　残滓

久米氏への取材が叶うまでに丸一年かかった。

彼の話を聞かなければ本稿に始末がつけられないと私が我儘を言ったので、取材協力のNには大変な苦労をさせてしまったことをここに特記し、感謝したい。


「――あそこの話なんて書いて、大丈夫なんですか。知りませんよトラブルになっても」

冷めきった表情で言い、久米氏は顔を窓の外に向ける。

すぐにどことはわからないように書くので心配は要らないと答えたが、彼は鼻で嗤った。

「へぇ……。それで人間は騙せるかも知れませんが、あいつらはどうですかね。……そこまでして書かなきゃいけないもんなんですか、怪談なんて」

私は答えず、彼が話し始めてくれるのを待つ。

件の廃工場の解体工事中、久米氏は突然職場を放棄し、そのまま退職した。

同僚であった山瀬氏によれば、それまでの勤務態度は真面目だったし、病欠も遅刻も一度もなかった者なので、大変不可解に思うとのことだった。

「……別に、辞めたくて辞めた訳じゃありませんよ。ただ僕みたいな人間には、ああいう仕事は向いてなかったってだけです」

苛々と膝を揺すり、嘆息する。

三十代中頃、既婚。脂肪の少ない細型の筋肉質。

怯えと諦めがない交ぜになったような——どこか犯罪被害者にも似た、力ない眼差し。

「まぁいいや。これ以上しつこく来られても困りますし、喋ります。……ただしもうこの一回きりにして下さい。それで用件が済んだら、僕にも、友人たちにも、二度と連絡して来ないで下さい。いいですね」

※

——久米氏は見える人である。

最初にそうと気づいたのはまだ物心がつく前、小学校の低学年であったという。

詳細には語ってくれなかったが、どうやら亡くなった祖父の遺体の布団に、何かが潜り込もうとしているのを見たらしい。

親族の誰もそれを制止しようとせず、気にもかけていない様子だったので——もしかするとこれは、自分にしか見えていないのではないかと思い至った。

以降、一般社会と自身の認識との齟齬に苦労しながら育ち、現在に至る。

家族や親しい友人には打ち明けてあるものの、今までに働いた職場などでは、極力そのことを伏せてきた。

「アイツはどうかしてる、ってレッテルを貼られてしまうんですよ。人の気を惹きたくてそんなことを言ってるんだろうって思われて、からかわれたり、馬鹿にされたり……。で、最後は相手にされなくなるのが落ち」

その一方で、心霊体験談が大好きだという女性と知り合った際には、あまり根掘り葉掘り聞かれるとかえって癇に障り、自分の異常性を思い知らされるだけなのだと感じた。

つまり久米氏は、普通の生活をしている、普通の人になりたかったのだ。

「何も見えてない、聞こえてないってフリをすることはできますよ。今までもずっとそうしてきました。……知り合いの紹介で、あの解体屋で働きはじめてからだって、自分がそんな風だってことは誰にも気づかれてなかったと思います。何度か嫌な思いはしましたけど——絶対に、顔には出さないように気をつけてましたからね」

しかし。

あの現場だけは、違った。

「うわッ……、何だこれ」

彼の目の前で山瀬氏がのけぞる。

狭い階段を上り切る前から、そこに、何かがいるというのはわかっていた。

廃工場の二階。コンパネ張りの小部屋。

「……くそっ、心中してるみたいで気味が悪いな。おい久米——」

はい、と返事をしたつもりだったが声が出なかった。

じわりと額に滲む脂汗を拭う。

入口を塞ぐように立つ山瀬氏の、その背中越しに、三つの脚が並んでいる。

「これだけは先に、ガラ袋にでも入れて出しておいてくれ。……ったく、何のつもりなんだか。どっかのバカが悪戯で置いてってたのか？　気色悪いマネしやがって……、チッ」

久米氏を押しのけるようにして、山瀬氏はブツブツ呟きながら階段を下りて行った。

了解——と掠れた声で頷き、彼は腰のベルトに挟んであった廃材用の袋を引き抜く。

目の前にあるのは三つの死体。


——いや違う。

これは死んだフリをしている、人形。


どうしようもなく嫌な予感がした。

あえて無造作にそれを掴もうとすると、耳のすぐ後ろで声がした。

〈……どこに行くんですか〉

ガッ、と布製の人形を袋に押し込む。

大人の男。大人の女。そして、男の子。

〈……どこに連れて行くんですか〉

ガラ袋は大判だが、綿の詰まった五十センチもある人形が三体も入ると、流石にまん丸に膨れ上がった。

久米氏は両膝の力が抜けていくのを感じながら、それを引き摺り、階段を下りる。

〈……ねえ。どこに連れて行くんですか。どこに。どこに……〉

返事をしてはダメだ、と思っていた。

聞こえていることに気づかれてはいけない。

がらんとした薄暗がりの工場の中を、早足で歩く。

生臭い、傷んだ水のような臭いが鼻をつく。


〈おい。私の家族をどこに連れて行く〉


「うるさいッ！」

思わず、小さく叫んでしまった。

通用口から飛び出し、少し離れた草むらにボンッ、とガラ袋を投げる。

作業着の背中はびょっしょりと汗で濡れ、ひどい寒気がする。

外は妙に静かだった。

ふっ、と顔を上げると山瀬氏以下、作業員全員がぼんやりした顔で空を見ている。

久米氏もつられて、その視線を追うと。

――廃工場の屋根の上に、黒々とした髪を垂らす、巨大な女の顔が浮かんでいる。

長い長い黒髪の隙間から見下ろすその白い目は、紛れもなく一直線に、彼に向かって注がれている。

※

「……あんなのは初めてでした。嗚呼、もう終わりだなと思いましたよ。こうなったらとにかく逃げるしかない、って」

それはどうしようもない災難に巻き込まれ、それまで築いてきた立場も財産も、すべて諦めるしかないという感覚に似ていた。

とにかく命が惜しければ、あいつから逃げるしかない――。

その後、久米氏は建屋の裏に火の手がないか見てくるよう言われたので、走ってその場から離れた。女の視線から身を隠し、草むらの中でしばらくの間、震えていたという。

——余談になるがこの時、彼はそれが、黒い煙としてその場に実在しているのだということも同時に認識していたようである。

つまり久米氏の目には女の顔と黒煙の両方が同じ場所に、かといって重なり合う訳でもなく見えていた。これは二台のテレビを同時に観ているようなものだと説明されたが、残念ながら我々には、俄かには理解しがたい感覚だと思われる。

いずれにせよ、彼はその巨大な女に睨まれた時点で、自分に何らかの災いが起きるのを覚悟した。このまま見過ごしてもらえるとは思えなかった。

いや——自分だけならまだいい。

あいつらに脅されたり、驚かされたりするのには、不本意ながら慣れている。

しかし家には妻と、小学生の娘がいるのだ。

彼女らの身に何かがあったりしたら、どうする。

怯える二人の姿を想像して、彼は自分でも情けないくらいに心細く、不安になった。

※

どうにかその日の仕事を終えて、帰宅後。
疲れ切った久米氏は布団に入るなり意識を失い、ある明晰夢を見た。
それは古い日本建築の居間で、見知らぬ一家の団欒を、ただ傍観するというもの。
座っているのは四人。父親と母親、それに男の子と女の子である。
彼はすぐに察する――。
来た。
これは、自分の夢ではない。
誰かに見せられている夢だ。
そう思った途端、部屋の様子が一変し、狭苦しい団地の一室になる。
見知らぬ一家は周囲の変化にまるで気づかぬ様子で、ちゃぶ台を囲んで座っている。
――見栄を張ったのだな、と久米氏は思う。
こっちが本当の、あんたら家族の部屋だろう。

そういう嘘はみっともないぞ——と図らずも、皮肉な笑いが口元に浮かんだ途端。

バンッ！　と右肩を叩かれて振り返ると、黒い髪の女が顔中の筋肉を限界まで歪め、憎悪そのものの眼差しで彼を睨みつけていた。

そのあまりの形相に久米氏は総毛立ち、思わず「ウワァッ！」と叫んで目を覚ます。

布団の中で、ドッドッドッドッドッドッと心臓が激しく暴れていた。

頭が熱く、しかし顔は冷たく、息が苦しい。

血圧が乱高下するほどの驚きと恐怖を感じていた。

……ちっ、違う、笑う気はなかったんだ。

馬鹿にするつもりはない。頼む、勘弁してくれ——。

久米氏は暗闇に向かって、必死に謝る。


同じような夢が、毎晩続いた。

ただし翌日以後は、始めから狭い団地の部屋であり、背後にはあの恐ろしい女が立って、彼の後頭部を睨みつけていたという点が異なる。

久米氏は日に日に衰弱し、睡眠不足に陥った。

三時や四時という時間に飛び起きてしまっても、恐ろしくてその夜はもう眠れない。隣で寝ている奥さんが起きないよう、音量を絞ったテレビを眺め、朝が来るのを待つしかない。

見るからに様子がおかしかったのだろう——奥さんも当然心配して、何かあったのではないかと訊ねたが、彼は言葉を濁した。

話したところで怖がらせるだけで、何の解決にもならないと思ったのだ。

しかし。

四日目の、午前四時過ぎ。

延々と同じニュースを繰り返すテレビの光の中、突然隣のベッドで「うあああぁぁッ」と悲鳴が上がった。驚いた久米氏が覗き込むと、ぜえ、ぜえ、ぜえ、と奥さんが荒い息を吐きながら、天井を凝視していた。

——彼女も、夫と同じ夢を見てしまったのだ。

※

「……次は、娘ってことになるでしょう。妻にも申し訳なかったとは思いますけど、それだけは絶対にいけないと思って。このままじゃ駄目だ、って」

五日目。

彼は現場でガス溶断の作業を行いながら、居ても立ってもいられなくなった。

初日以降、敷地内で異常なものを目にすることはなかったのだが、あの女はずっと自分だけを狙い続けている。

何人もの作業員がいる中で。

まるで自分だけが、囮《おとり》にされたように。

そうだ——そもそもここに来るから、いけない。

毎日毎日、怖い怖いと思いながらも仕事に来るから。

女は、「この人なら話を聞いてくれる」と思っている。

「人の家のことなんて知るかよ……」

「……えっ？　何スか？」

廃材を運んでいた大野が手を止め、こちらを向いた。

久米氏はトーチのバルブを閉め、青い炎を消す。

「……冗談じゃない。おい大野、あの人形が入った袋はどこへやった？」

「えっ……。あれは多分、他の燃えるゴミと一緒に、処理場に。坂東さんが捨ててこいって言ったんで」

「処理場か……。もう処理場だってよ、お前の家族は」

既にまばらな鋼材が残るばかりの、クジラの骸骨のような廃工場の跡に向かって呟く。

はっ……？　と大野が訊き返したが、それに返事はせず——彼は道具をその場に置くと、自分の荷物が載せてあるダンプへと歩き出した。


——文句があるなら俺じゃなくて、元請けに言ってくれ。

悪いけどこっちにも、大事な家族があるんだよ。

じゃあな。

夜道の友

つい半年ほど前のことだという。

高校生の町田君は毎日自転車通学をしており、その際必ず、神社の裏を通る。

「真冬だったんで、ちょっと部室でだらだらしてるとすぐ真っ暗になっちゃって……」

マフラーを巻き、白い息をたなびかせながら、家路を急いでいた。


やがて、前方にいつもの玉垣が見えてくる。

神社の周辺には点々と街灯が立てられていて、寒々しい蛍光灯の明かりを落としている。

と——何か小さな塊が、苔むした御影石の上に置かれているようだ。

最初は小サイズのペットボトルかと思ったのだが、近づいてみれば、それはちょこんと一丁前に両手を揃えて鎮座する、一匹の仔猫。

「なんだお前……、寒くないの？」

町田君は呟き、自転車を停めた。

彼と仔猫の目線の高さが、丁度揃う。

茶虎の八割れ。握りこぶしより少し大きく、生後一か月くらいだろうか。

まるでぬいぐるみか何かのように、ぴくりとも動かない。

「おい。おい。可愛いね」

指を近づけても、嗅ぎもしない。

不愛想な奴だ。

ただ玉垣の上でキラキラと瞳孔を光らせ、町田君の顔を観察している。

「……悪いな。連れて帰ってやれないんだよ、うちは祖父さん祖母さんが猫嫌いで」

せめて撫でてやろうと伸ばした彼の手は、すい、と仔猫の身体を貫通した。

思わずギクリとして、自転車が傾く。

後ずさる。

自分の目玉が信じられなくなり、寒気がする。

「嘘だろ……」

微動だにしない仔猫の、その透明な視線に耐えかねて、町田君はその場を走り去った。

——翌日の朝。登校時。

彼は神社の裏まで来ると、家から持ってきたティッシュの包みを開き、ちくわを一本取り出した。ほーっ、と白い息を吐きながら昨日仔猫が座っていた、玉垣の上に置く。

そして自転車に乗ったまま、手を合わせた。

「……可愛いね。いい子だね」

その時偶々、彼の後ろを通り過ぎようとしていた同学年の女子が驚き、足を止めた。

町田君はハッとして振り返り、頭を掻く。

ちくわを仕舞うかどうか迷う。

女子は何かを察したようだ。

少し寂しそうに、彼に「おはよう」と微笑んだ。

あとがき

お久し振りです。或いは、初めまして。

縁あって、本書より参加させて頂くこととなりました原田です。若輩者ですが、向後万端よろしくお頼み申します。

田舎暮らしをしています。最寄りのコンビニまで近くを流れる江戸川を渡って県境を超え、徒歩で片道三十分程は掛かりますが、夏は風に揺れる稲の緑が驚くほど美しい所です。折角なので最近は自分でも暇を見つけて土を弄るようにしました。今時期は少しずつ実を膨らませてくれる夏野菜を、日々、愛でています。

もうすぐ四十になりますが、公私ともに右往左往、慌ただしい毎日で、全く論語も当てにならないなぁと、日々、身を悶えさせています。

四年前に最愛の祖母を亡くしました。両親が共働きであったため、幼い頃から私の面倒を見てくれたのは祖母でした。晩年、祖母は認知症を患っていましたが、時折スイッチが入ったかのように介護ベッドの上で、祖母は私の名を口にしていました。今でも足踏みミシンを踏む祖母の横で、洋裁に余った色とりどりのボタンに糸を通して遊ぶ、陽だまりのような時間を懐かしく思います。豪快で、誰にでも優しい、常に私を叱咤し、常に私を守ってくれる女性でした。

身近な人の死に、足元にあるふとした小さな命にも、その重みを感じる。
中学生の頃に図書室で開いた詩集に書かれていた一節です。

本書には、たくさんの死が詰め込まれています。
話者の話を書き起こす際は、できるだけ自分の感情を書き込まないように心掛けていますが、私自身の拙い想いを、端々にでも感じ取っていただけたのなら幸いです。

遠くで、犬が鳴きました。

空

梅雨らしからぬ大雨が続き、西日本を中心に大きな水害が続いております。お見舞い申し上げます。

季節折々の挨拶が難しいものになりました。

夏の「超」怖い話に参加させていただきました深澤夜と申します。

両氏と本を書くというのは十年来の約束――控えめに申し上げても悲願でありました。

松村氏とは『恐怖箱 しおづけ手帖』でご一緒し、その約束とは違う形ではありましたが、それでも大変楽しい仕事でした。誰よりも早く完成形が見たいと、勢い余ってサーバーに原稿の共有とオンライン編集システムを作ってしまったほどです。

この度、O女史を中心に両氏と「超」怖い話を書くにあたり、どれほど興奮と緊張があったか想像していただけるのではないかなと思います。

両氏の熱量に負けないよう、いつにも増して必死に書きました。最前線のファンとして、これが「超」怖い話であるからというのも勿論あるけれど、彼らの仲間として胸を張れないといけない。

本書が読者の皆様にとって新しい超怖となり、暑気払いの一冊となりましたら、それに勝る喜びはありません。

本書は読者の皆様のお力添えで成り立っております。本書を手に取られたすべての方々に感謝を申し上げます。

沢山の、話しにくい話をしてくださる皆様にもこの場を借りて感謝を。

竹書房編集部の方々の日頃のお気遣いなくしては本が出来上がりません。いつもありがとうございます。

そして歴代著者の方々、褒めてもらえるとは思っていないけれど、本当に尊敬しております。

共著者両氏には後で直接言わせてもらうつもりです。

家族に。先に逝ってしまった家族にも。

皆様の益々のご健勝を、そして厚かましくもまた来年の夏にお会いできる幸運を祈って、あとがきとさせていただきます。

夜

夏といえばかき氷が盛んな昨今であるが、私松村はもっぱら珈琲ゼリーである。コンビニへ煙草を買いに出たついでに、甘味の棚に並んでいたりするのを見かけると、つい手が伸びてしまう。昔からある安いのも、最近の少し高いのも、どちらも好きだ。

私があまり頻繁に食べるので、最近では家内が作ってくれるようになった。アイスコーヒーにゼラチンを加え、ホイップクリームかアイスクリーム、あるいはその両方を添える。そして上には必ず、ちょこんと葉っぱがのせてある。ミントにしては分厚い。

「……そう言えば気にせず食ってたけど、何だこれ……」

「えっ。アロマティカスだよ、知らなかったの？　ほら、あれ」

家内が指差す先には何鉢もの、やたらと健康的な多肉植物が茎をのばしている。なるほど見覚えがあった。適当にちょん切って土に差すだけで、勝手にいくらでも増殖するので、このところ家内が面白がって増やしている草だ。確かに香りはいいが。

「……ホントに食って大丈夫なのかな。ほとんど雑草だろあれ」

「はぁ？」

――私が学生時代に付き合っていた彼女は、よくインスタントコーヒーと寒天で、珈琲ゼリーを作ってくれた。添えられていたのはアイスクリーム。

そしてその上には必ず、さくらんぼ。

彼女の家ではそれが定番だったのだろう。寒天製はどうしても硬くて、甘さも控え目で、正直あまり好みの味ではなかったのだが——あのかわいらしい色のさくらんぼがいてくれることで、珈琲味の寒天が珈琲ゼリーになってしまう、そんな魔法がかかっていた。

あれはあれでうまかったのかも知れないなと、今は思う。


「……この雑草も、案外いける」

「はいはい。じゃあ私のもどうぞ」


また、来年。

松

著者別執筆作品一覧

■松村進吉

後日談
会葬
かつら
はやくはやく
代償
廃工場　解体
廃工場　往時
廃工場　残滓
夜道の友

■深澤夜

善い人形
屋根より高い
半ジャージ
二階建てバス
旅館の夜
二十七
拾い物
林さん、これお願いします
目撃者
命綱
鬱を数える子供

■原田空

ゆいちゃんの夢
集念
狛石
予災〜二〇一七〜
予災〜一九四五〜
女指
通子
痩墨
猫捻り
輝玉
子声

「超」怖い話 丁

2017年8月5日 初版第1刷発行

編著 松村進吉
共著 深澤 夜／原田 空

カバー 橋元浩明（sowhat.Inc）
発行人 後藤明信
発行所 株式会社 竹書房
〒102-0072 東京都千代田区飯田橋2-7-3
電話 03-3264-1576（代表）
電話 03-3234-6208（編集）
http://www.takeshobo.co.jp

印刷所 中央精版印刷株式会社

定価はカバーに表示しています。
落丁・乱丁本は当社までお問い合わせ下さい。

ISBN978-4-8019-1156-7 C0176